Von der Kapelle der Rahlstedter Gemeinde

in Berne 1939

zur späteren Friedenskirche

in Farmsen-Berne 1964

(Stand: 16.03.2025)

Zum Inhalt:

Die Friedenskirche in Farmsen-Berne hat ihren Namen erst 1964 bei einem grundlegenden Umbau der bereits 1939 errichteten Kapelle erhalten. In ersten Veröffentlichungen 1938 wurde auf diesen geplanten Bau einer Kapelle verwiesen: "Hamburg-Berne, Gemeinde Alt-Rahlstedt" hieß es da. Wissen um die lange Vorgeschichte und Verortung in regionaler und kirchlicher Hinsicht ist wichtig, um die Anfänge der Baugeschichte zu verstehen.

Traditionell gehörte das Berner Gut wie andere Ortschaften und Dörfer der Umgebung schon lange zur kirchlichen Betreuung der sehr alten Muttergemeinde in Rahlstedt. In der Alt-Rahlstedter Kirche (ab 1248) oder von den dortigen Geistlichen wurden Kindstaufen vorgenommen und auf dem Friedhof dort wurden sie später auch begraben. Nach der Reformation im 16. Jahrhundert wurden mehrere Kirchspiele nach und nach zur Propstei Stormarn. Politisch wurde die Region in der zweiten Hälfte des 19. Jahrhunderts Teil der preußischen Provinz Schleswig-Holstein. So ist Farmsen-Berne zu einer Hamburger Exklave umgeben vom preußischen Gebiet geworden. Ursprünglich gehörten die Berner Ländereien zum Hamburgischen Kloster St. Georg. Als ehemaliges "Landgebiet" sind Farmsen und Berne erst in der NS-Zeit durch das Groß-Hamburg-Gesetz 1937/38 mit den früheren preußischen, westlichen Teilen Stormarns gemeinsam unter Hamburgische Administration gekommen.

Diese lange Vorgeschichte von kirchlicher und politischer Zuordnung hat auch die kirchliche Baugeschichte beeinflusst, wie bei der Näherbetrachtung der am Bau Beteiligten deutlich wird. Dabei liegt in diesem Heft der Schwerpunkt auf Besonderheiten, die für die im März 1939 eingeweihte Kapelle sehr deutlich die Hände der beiden Architekten B. Hopp und R. Jäger erkennen lassen. H&J hatten in den ersten fünf Jahren ihrer gemeinsamen Tätigkeit eine besondere Innenraum-Gestaltung geprägt.

Diese zeigt sich noch deutlich in anderen Kirchbauten des Alstertals: Beschriftung der Holzbalken, die Tonnendecke oder Emporenkonstruktion tragen, werden als Träger biblischer Voten und als nicht nur dekorative Signale mit genutzt. Wie dieses in die kirchliche und politische Umgebung passte, darum geht es in diesem Heft. Ebenso wird der Weg zur Erweiterung mit Gemeindehaus 1963 und der Umbau mit 180 Grad Umorientierung des Innenraumes geschildert: 1964 konnte die Friedenskirche - jetzt mit Turm - eingeweiht werden.

Von der Kapelle der Rahlstedter Gemeinde

in Berne 1939

zur späteren Friedenskirche

in Farmsen-Berne 1964

Uwe Gleßmer

unter Mitarbeit
von Emmerich Jäger und
Silke Schwarzmann

Beitrag zu
‚Hopp und Jäger -
Kirchenbauten von einem Hamburger Architekturbüro
(1930 bis 1962/80)
Ein Projekt zur Dokumentation‘
[www.huj-projekt.de]
Band 12

Bibliographische Informationen der Deutschen Nationalbibliothek
Die Deutsche Nationalbibliothek verzeichnet diese Publikation
in der Deutschen Nationalbibliografie; detaillierte bibliografische
Daten sind im Internet über http://dnb.dnb.de abrufbar

Frontcover:
Hamburgisches Architekturarchiv – Bestand Otto Rheinländer
A links: HAA_ORh_012.65-2035_(0354) [von UG bearbeitet]
B rechts: HAA_ORh_008.3_(0223) [von UG bearbeitet]
Backcover:
HAA_ORh_012.3_(0353) [Ausschnitt]

Verlag:
BoD · Books on Demand GmbH, Überseering 33,
22297 Hamburg, bod@bod.de
Druck:
Libri Plureos GmbH, Friedensallee273,
22763 Hamburg
ISBN: 978-3-7693-7607-4

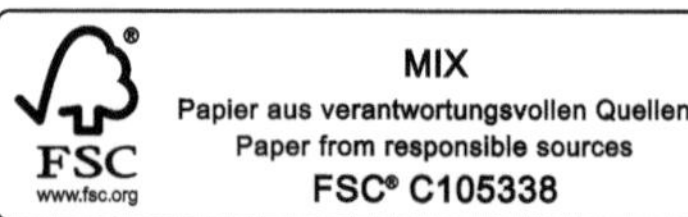

Inhaltsverzeichnis

Vorwort

Die folgende Materialzusammenstellung zur Kapelle und späteren Friedenskirche in Berne ist im Zusammenhang mit einem Vortrag entstanden, der auf Einladung des Denkmalvereins am 30.11.2024 stattfand. Den Anlass dazu bildete die Situation, dass eine Entscheidung des Gemeindekirchenrats gefallen war, dass eine weitere Unterhaltung des Gebäudekomplexes beendet werden müsse. Die Konsequenz, dass die Kirche eventuell abzureißen wäre, hat am Ort zu Unruhe und einer Initiative für den Erhalt der Kirche geführt. Zwischen den teils sehr polarisierten verschiedenen Sichtweisen muss es zu einem gemeinsamen Nachdenken kommen. – Ein Schritt und Beitrag in diese Richtung könnte das gemeinsame Wissen um die Geschichte des Bauwerks bilden, das zwar nicht unter Denkmalschutz steht, aber doch von einer denkwürdigen Vergangenheit zeugt. Denn an dem Ort mit der in den 1920er Jahren entstandenen Genossenschafts-siedlung der Berner Gartenstadt bildete zwar eine neue Schule ein wichtiges kommunales Vorhaben, das unter Oberbaudirektor Schumacher 1930 fertig gestellt wurde. Eine Kirche gehörte jedoch nicht zu den Elementen der Stadtplanung der damals hamburgischen Exklave aus den Orten Farmsen und Berne. Wie ist es dann zum Bau der Kapelle 1939 in der NS-Zeit gekommen?

Im Dokumentationsprojekt zu den Architekten B. Hopp und R. Jäger (= H&J) ist bereits zu einigen der NS-zeitlichen Kirchen zu baugeschichtlichen Materialien und Kontexten geforscht und publiziert worden. Allerdings waren für den kleinen (und teils vergessenen) H&J-Kapellen-Bau nur wenige Archivalien und Dokumentationen verfügbar. Das liegt z.T. an den wechselnden Zugehörigkeiten zu anderen Gemeindeteilen (Rahlstedt und Farmsen) bzw. zum Kirchengemeindeverband Rahlstedt als Teil der Propstei Stormarn. Aber auch die für die hamburgische Geschichte wichtige neue politische und gebietsmäßige Veränderung durch das Groß-Hamburg-Gesetz 1937/38 bildet eine zu bedenkende Komponente. Die Randlage und Zugehörigkeit zur „Muttergemeinde" in der ehemaligen preußischen Provinz Schleswig-Holstein erschwert ein Finden von weitergehenden Unterlagen. Diese Lücke kann aber hoffentlich durch den Impuls aus diesem ersten Schritt verkleinert werden.

Unsere früheren Bezugnahmen auf dieses Bauwerk sind im Rahmen von Überblickstexten publiziert worden, die unten in einen Anhang mit aufgenommen sind. Das geschieht einerseits, weil die „Beiträge zum Hopp-und-Jäger-Projekt"[1] für Interessierte zwar über die einschlägigen Suchmittel zugänglich sind, aber die entsprechenden Passagen nur zweimal drei bzw. vier Seiten umfassen. Andererseits waren auch Korrekturen an diesen Texten notwendig, die sich aus der erneuten Beschäftigung ergeben. Uns liegt daran, jetzt möglichst gesicherte und nachprüfbare Informationen zu bieten. Wir selbst haben z.T. Dinge abgeschrieben, die in Chroniken zwar überliefert sind, die aber aus einer Kette von Abschreibvorgängen stammen, die jedoch nicht an Quellen überprüft wurden.

---

[1] Siehe in der Liste der Publikationen unten S. 75.

Die **vorliegende Erweiterung des Vortragstextes u.a. mit Anmerkungen** ist aus dem Werdegang dieses Büchleins zu erklären: Denn einerseits hatte ich in der Vorbereitungsphase möglichst dokumentiert, woher Informationen kamen und in welchem Originalwortlaut sie vorliegen. Andererseits konnte im gesprochenen Vortrag, der mit einer separaten Powerpoint-Präsentation unterstützt war, nicht die umfangreichere Version des Entwurftextes genutzt werden. Dieser enthielt in Anmerkungen neben Quellenangaben auch andere ausführlichere Verweise, die nun – für eine an neue Leserschaft gerichtete Fassung – zusammen mit weiteren Ergänzungen nützlich sein können. Das erklärt eine gewisse Uneinheitlichkeit im Duktus.

So soll mit der jetzigen Textfassung ein Nachvollziehen bei der Lektüre oder beim Vergleich mit abweichenden Angaben leichter möglich sein. Denn Differenzen existieren auch in solchen offiziellen Werken, die vorschnell als verlässlich angesehen werden. Zeitlich bedingte, unterschiedliche Quellenauswertung führt gelegentlich zu sehr abweichender Gewichtung der Darstellung. Unkritisches und ungeprüftes Übernehmen von Detailangaben wollen wir – wie gesagt – jedoch möglichst vermeiden. Das lässt sich trotzdem leider nur weitgehend erreichen. Doch in Zeiten von nur auf Wikipedia basiertem „Wissen" und scheinbar künstlicher Intelligenz wird dieses Phänomen uns auch in künftigen Textproduktionen nicht erspart bleiben. Das Überprüfen von Informationen wird eine wichtige Aufgabe u.a. auch der Erziehung bleiben.

Für den ursprünglichen Vortrag war eine Einladung des Denkmalvereins ergangen, der ca. 35 Personen gefolgt waren. Von den Rückmeldungen der Besucherinnen und Besucher sowie von den zu dem Event überlassenen Fotos wollen wir (als Gruppe von Beteiligten aus dem Denkmalverein und H&J-Projekt) wichtige Teile unten im Anhang aufnehmen.

Im März 2025 Uwe Gleßmer
für die Gruppe der an der Vorbereitung Beteiligten dieses Heftes

30.11.

15.00 Uhr

Besichtigung: Friedenskirche Berne

Nach Entwürfen des Architekturbüros Hopp & Jäger wurde die Friedenskirche in Berne 1939 errichtet. 1951 wurde der Sakralbau um das Pastorat und in den Jahren 1963 bis 1964 um das Gemeindehaus sowie den Glockenturm erweitert. Traditionell besichtigt der Denkmalverein zum Jahresende hin einen Sakralbau – in diesem Jahr nach dem Motto „last chance to see", denn die Gemeinde wird das Gebäude zum Jahresende 2025 aufgeben. Dr. Uwe Gleßmer (Pastor im Ruhestand) forscht seit zehn Jahren zu Hopp & Jäger und wird uns nach einem Vortrag zur Architekturgeschichte durch das Gebäude führen. Zum Abschluss freut sich der Kirchengemeinderat über einen gemeinsamen Austausch bei Kaffee und Gebäck (Spenden willkommen).

Treffpunkt: Friedenskirche Berne, Lienaustraße 6

Mitglieder kostenlos / Gäste 10 EUR, nur nach Anmeldung bis 17. November über nachfolgenden Link

Anmeldung

https://www.denkmalverein.de/angebote/veranstaltungen/date:20241130/id:besichtigung-friedenskirche-berne

1   Anlass & Vorgeschichte

Gern habe ich zugesagt, als ich vom Denkmalverein durch Silke Schwarzmann gefragt wurde, ob ich über die von den Architekten Bernhard Hopp und Rudolf Jäger (= H&J) gebaute Kirche eventuell einen Vortrag halten würde. Ich wusste seit einiger Zeit bereits aus der Presse, dass sich viele Menschen Gedanken machen, wie es um die Friedenskirche steht. Über diese H&J-Kirche hatten wir bisher nur in zwei unserer Projekt-Beiträge auch berichtet,[2] so dass jetzt der Anlass zu einer Vertiefung gekommen war.

Selbst bin ich aber nicht in die Fragen verwoben, die sich um die Zukunft des Gebäudes drehen. Möglicherweise haben Sie in der Einladung hinter meinem Namen gelesen „Pastor im Ruhestand" und vermuten deshalb eine bestimmte Sichtweise. Doch bin ich kein kirchlicher Ruhegeld-Empfänger, sondern war nach dem 2. Examen und Ordination fast ununterbrochen in der Universität tätig. Theologie ist mir aber auch außerhalb eines besoldeten Amtes weiterhin wichtig.

Seit meinem Ruhestand bin ich ab 2014 einem scheinbar „un-theologischen" Hobby nachgegangen: Ich wollte mehr dazu wissen, welche Umstände dazu geführt haben, dass einige mir als Gebäude bekannte Kirchen gebaut wurden.

Das interssierte mich während des Theologie-Studiums in den 1970er Jahren kaum. Allerdings ist für die Kirchen aus der NS-Zeit solches Fragen nicht unwichtig, wie ich jetzt weiß. Doch war mein Bild damals eher so, dass Kirchen in der NS-Zeit gar nicht gebaut werden konnten. So stand es auch in schlauen Büchern, deren Bilder von Geschichte ich übernommen hatte. Aber: wie ich seit 2014 weiß, haben die Architekten Hopp und Jäger vor dem Zweiten Weltkrieg zahlreiche Kirchen gebaut, andere z.T. wesentlich umgebaut.

Auch nach dem Krieg waren sie sehr aktiv: sowohl beim Wiederaufbau der zerstörten großen Innenstadt-Kirchen (wie St. Katharinen und St. Jacobi) als auch beim Neubau von Kirchen und Gemeindezentren. Darüber haben wir in einem 2014 begonnenen Dokumentationsprojekt viele Materialien zusammengetragen (www.huj-projekt.de). Und das war der Hintergrund der Anfrage für die Veranstaltung des Denkmalvereins.

Mein 2014 neu gewonnenes Interesse muss ich versuchen, kurz in Stichworten zu erklären: In meiner Biografie sind mehrere Hopp-und-Jäger-Kirchen wichtige Stationen gewesen. Allerdings wusste ich (wie die meisten Kirchenbesucher) nichts über deren Architekten.

---

[2] Gleßmer & Hopp & Jäger (2016) „Zur Biographie von Bernhard Hopp..." S. 213-216 bzw. - 219 und Gleßmer & Jäger (2017) „Projektbericht 2" S. 78-79 (siehe dazu die entsprechenden Abschnitte unten 50).

Abb. 1: HAA_ORh_050.1_(0403) Ausschnitt Hakenkreuz

Das änderte sich durch ein Geschichtsprojekt der Wellingsbütteler Lutherkirche. Denn dieses 1937 fertig gestellte Bauwerk bietet in seinem äußeren Mauerwerk u.a. ein Hakenkreuz. Mit dem 75-jährigen Kirchweihjubiläum 2012 begann eine Diskussion um ein angemessenes Gedenken. Vor allem *ein* engagiertes Gemeindeglied ließ nicht locker.[3] So hat Herr Dr. Engler, mich auch für ein Mitmachen geworben. Wir hatten in Wellingsbüttel zuvor bis 2008 gewohnt und mit unseren Kindern wichtige Lebensphasen u.a. im Kindergottesdienst verlebt.

Über die Beschäftigung mit den Umständen der Entstehung und der Frage nach dem Anteil der Architekten an der Gestaltung des problematischen „Mauerdekors" sind wir dann tiefer eingedrungen: Es musste das Interesse von Hopp-und-Jäger an Kirchen weiter geklärt werden. Warum bauten sie Kirchen? In der NS-Zeit haben das nur sehr wenige Architekten getan, z.T. mit sehr fragwüdigen ideologischen Motiven.[4]

Dabei wurde mir bewusst, dass ich auch in einer 1938 erbauten H&J-Kirche, Maria-Magdalenen in Klein Borstel, als Vikar zu Beginn der 1980er Jahre tätig war. Unsere älteste Tochter wurde dort 1983 getauft. Erst als unsere Kinder im Wohnort

---

[3] Siehe dazu Gleßmer & Engler (2016).

[4] Ausstellung „Christenkreuz und Hakenkreuz" von Endlich / Geyler-von Bernus / Rossié (2008).

in der Wellingsbütteler Gemeinde in kirchliche Kindergruppen kamen, endete diese Phase.

Abb. 2: HAA_ORh_028.2_(0560)

In Klein Borstel hatte ich zuvor – nach der Ordination 1982 – auch einen ehrenamtlichen Predigtauftrag und wirkte in Kinderarbeit, im Konfirmandenunterricht und Predigtdienst mit, später auch noch im Posaunenchor.

Bei mir stand naturgemäß die alltägliche Gemeindearbeit im Vordergrund, – ohne dass ich mich um die früheren Zeitumstände am Ort gekümmert hätte.

[[Auch zu Maria-Magdalenen gab es zu ihrer Bau- und Einweihungszeit viele bisher kaum bedachte Details – etwa zum Altarraumbild.[5]]]

Ich lass' vieles aus, was auch noch später gesagt werden könnte. Aber ich schließe meinen kleinen biographischen Bogen mit dem Hinweis, dass meine Frau und ich in Berne in der Friedenskirche im Posauenenchor mit Helmut Kittlitz in den Jahren 1971ff geblasen haben. Hier wurden wir 1973 auch von Pastor Dr. Rüppel getraut.

Abb. 3: Trauung in der Friedenskirche

Abb. 4: mit H. Kittlitz beim Übungswochenende in Neuwiedental

---

[5] Siehe Gleßmer & Jäger (2016[3]).

2 Die Kapelle und Friedenskirche in Berne

Um die Umstände und die Baugeschichte dieses Gebäudes soll es im Folgenden hauptsächlich gehen. Auch hier weiß ich natürlich nicht alles aus eigenem Erleben. Die schlauen Bücher und Festschriften schildern jedoch – wie auch ich – aus verschiedenen Perspektiven.

Zu zwei Kartenausschnitten möchte ich vorweg etwas sagen. Zuerst zur Gegenwart, um uns alle auf den gleichen Stand zu bringen: es geht um die Ecke Lienaustraße[6] / Berner Allee:

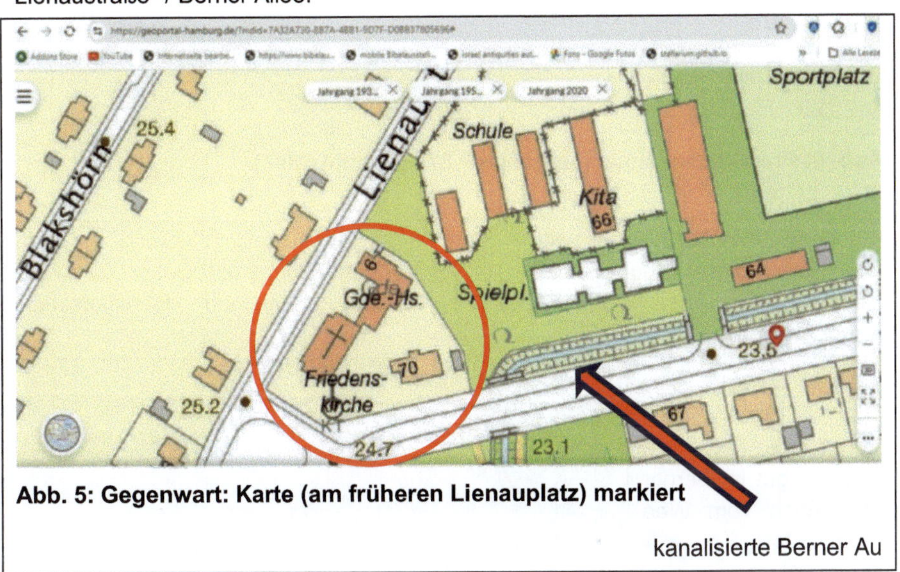

Abb. 5: Gegenwart: Karte (am früheren Lienauplatz) markiert

Außer auf unsere Position mit dem Kreis ist mit dem Pfeil auf die kanalisierte Berner Au hingewiesen. Perspektiven auf die Örtlichkeit spielen auch bei der Rückschau eine Rolle – etwa zur Vergangenheit vor dem Ersten Weltkrieg:

---

[6] Zum Straßennamen vermerkt Müller-Ebeling (1994) S. 144: „ab 1917 benannt nach Daniel L (1739-1816), dem Ratsherrn und Bürgermeister, unter dessen Patronat das Gut in Privateigentum überging."

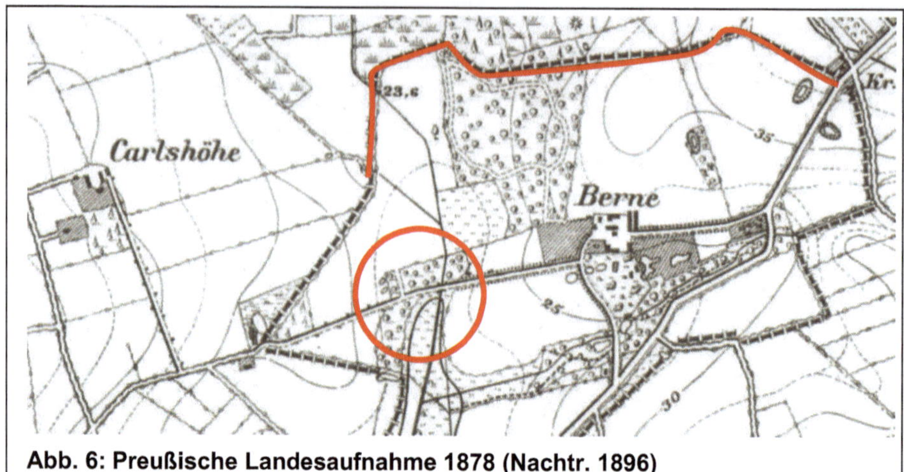

Abb. 6: Preußische Landesaufnahme 1878 (Nachtr. 1896)

Nachgezeichnet ist in der alten Karte auch die Grenzmarkierung – zum umgebenden preußischen Gebiet – im Norden zum Nachbardorf Sasel. Diese ist auch heute noch an Grenzsteinen zu sehen, denen ein Heimatforscher nachgegangen ist:[7]

Einer der alten Grenzsteine (XVb von 1886) ist gut im Berner Wald noch vom Weg aus zu sehen.

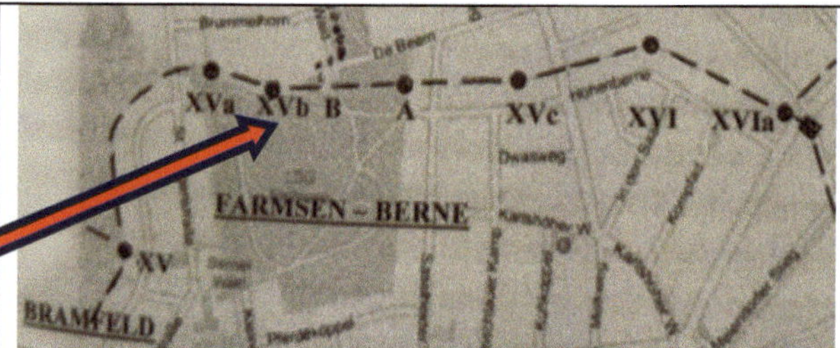

Abb. 7: nach Wendt (2019) JAV S. 139

Die Perspektive auf die Vergangenheit vor dem Ersten Weltkrieg zeigt, dass vor 130 Jahren Berne hauptsächlich land- und forstwirtschaftlich genutzt wurde. Diese Kartenperspektive ist für unsere Rückfrage wichtig:

zum einen gab es hier außer Wald und Feldern und – außer dem Kernbereich um das Gut – kaum Häuser und Menschen, die hier eine Kirche hätten hingedacht haben können;

zum anderen ist der Karte von 1878 (auch nach Aktualisierungen von 1896) die Situation der feuchten Niederung am Bachlauf der Berner Au zu entnehmen. Dieses Feuchtgebiet spielt in der späteren Überlieferung zum Bauplatz noch eine Rolle;

zum dritten ist die Situation der Exklave Farmsen-Berne mit den Grenzmarkierungen zum preußischen Umland wichtig auch für die nachher zu schildernde Situation.

---

[7] Wendt (2019) JAV 134–147 über „Die Saseler Grenzen"; Ausschnitt aus der Karte S. 139.

Eine weitere perspektivische Wahrnehmung ist zu entdecken, wenn wir erst einmal nur in die Bilder schauen, die die beiden Festschriften zur Feier des 50. und 70. Kirchweihjubiläums bieten:

Perspektiven 1989 und 2009	
Bau von 1939 (Festschrift von 1989)	Bau von 1964 (Festschrift von 2009)
 **Abb. 8: Kapelle von 1939**	 **Abb. 9: mit Turm 1964**

Das Bild von 1939 der neuen *Kapelle* – wie der damalige Sprachgebrauch war, also noch ohne Turm, – war 1989 seitenverkehrt abgedruckt worden, – wie links zu sehen.

Abb. 10: HAA_ORh_008.3_(0223)

Das Eingangsportal zur Kapelle war, wie in der Fotografen-Aufnahme von 1939 zu sehen ist, nach Südwesten gerichtet. Sie erinnern aus der Landkarte (Abb. 5) zu Beginn sicher noch die Orientierung parallel zur Lienaustraße.

Das zur *Kirche* mit Turm vervollständigte (sowie im Jahr zuvor mit Gemeindehaus) umgebaute Gebäude von 1964 wurde 2009 auf dem Deckblatt seitenrichtig von Südwesten dargestellt. – Was man jedoch von außen nur aus der Giebelwand ohne das frühere Eingangsportal erahnt, ist die mit der Verlegung des Eingangs erfolgte innere Umorientierung um 180 Grad. Dazu nachher mehr.

Zuvor noch ein weiterer Rückblick auf das Jahrzehnt vor dem Kapellenbau:

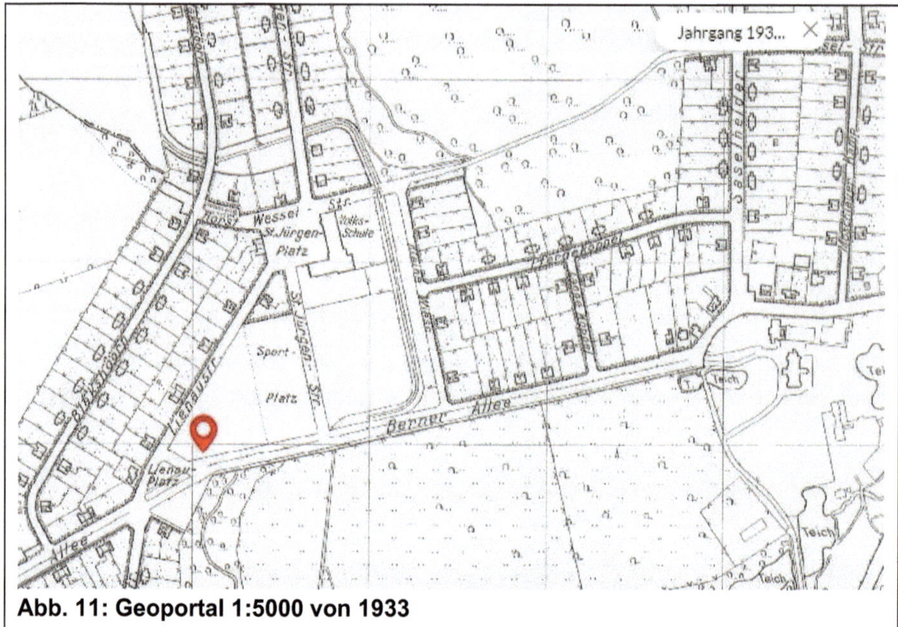

Abb. 11: Geoportal 1:5000 von 1933

Die Ortschaft in der Umgebung des künftigen Kirchplatzes besteht nicht mehr nur aus Wiesen und Feldern, sondern sie hat seit den 1920er Jahren nun ein neues Gepräge erhalten. Die Karte von 1933 zeigt wesentliche Veränderungen und Wachstum:

> **Zum einen** sind es die Siedlungsdoppelhäuser der Gartenstadt, die der Architekt Ostermeyer für die Siedlungsgenossenschaft entworfen hatte. Auch der vom Baudirektor Schumacher entworfene Schulbau war schon realisiert. Viele Menschen hatten in Berne eine neue Heimat gefunden (1933: 2.215 Einwohner).

> Diese Siedlung fand sich im nördlichen Zipfel des Hamburgischen Landgebietes Farmsen-Berne. Das war – wie gesehen – eine Exklave, die von Gebieten der preußischen Provinz Schleswig-Holstein bzw. dem Landkreis Stormarn umschlossen war.

> **Zum anderen** natürlich das „Zeitcolorit" von 1933 – u.a. mit der in der Karte verzeichneten Horst-Wessel-Straße. Dieser Name war sicher keine Freude für viele Bewohner, die in NS-zeitlichen „Abstimmungen mit über 90% Neinstimmen gewählt und sich so den

Namen: das rote 'Neindorf' eingehandelt" hatten.[8] Als Genossinnen und Genossen hatten sie sich sicherlich weltanschaulich eher als „freigeistig" verstanden. So die Perspektive der Biografin der Siedlungsgeschichte, wie sie im Zusammenhang der Ansprachen bei der Einweihung der Kapelle von 1939 für Sozialdemokraten beschrieben hat (S. 116).

Die ältere Benennung des Platzes vor der Schule nach St. Jürgen wird auch nicht „Kirchlichkeit" signalisiert haben. (Die dorthin führende St. Jürgenstraße führt weiterhin diesen Namen). Vielmehr bietet St. Jürgen = St. Georg einen heimatkundlichen Rückbezug auf das frühere St. Georg-Hospital in Hamburg, zu dessen Areal ehemals Berne gehörte.

Dieses frühere weltanschauliche Gegenüber von Horst-Wessel und St. Jürgen stellt vor die Frage:

3   Wie ist es zum Bau der Kapelle gekommen?

Ein lieber, alter Berner (Jg. 1935) hat mir vor zwei Wochen die Kurzfassung gesagt, die damals denjenigen Kindern wohl gesagt wurde, die in der genossenschaftlichen Tradition einer Distanz zur Kirche hier aufwuchsen – sinngemäß verkürzt: „Hitler hat befohlen, dass hier eine Kirche gegen die Sozis her müsste". Ganz so einfach ist es jedoch nicht gewesen.

Es hängt zwar indirekt mit den Ideen zusammen, die in der NS-Zeit aufeinander prallten. – Doch es gab ja nicht nur zwischen den politisch Verfolgten deutliche Unterschiede, also zwischen Sozialdemokraten, Sozialisten und Kommunisten. Auch innerhalb der christlichen Gruppen gab es zum Machtanspruch der Nazis keine einheitlichen Linien. Und ebenfalls unter Nationalsozialisten fand ein Machtgerangel verschiedener Gruppen statt – besonders in den ersten Jahren bis ca. 1936/7.

3.1   Die ideologischen Auseinandersetzungen vor 1939

In meinem Studium hatte ich vorzeiten für die lutherische Sicht auf Kirche vor allem ein schwarz-weiß Bild für die NS-Zeit gespeichert: einerseits die NS-Sympatisanten der „Deutschen Christen", andererseits die „Bekennende Kirche". Aber es gab beträchliche Differenzen und Grau-Töne auf beiden Seiten. Nach dem Ersten Weltkrieg und der Wirtschaftsmisere war das Denken „Make Germany great again" in weiten Kreisen ein sinngemäßes Motto nicht nur bei den Nazis. Über ein allgemeines „Germany first" mit entsprechendem nationalen Egoismus und z.T. Anti-Internationalismus bzw. Rassismus als NS-„Einstiegs-Drogen" ging es in einigen NS-Kreisen *weit* hinaus. Insbesondere die Abstammungslehre „arischer" Menschen und das vermeintliche Ahnenerbe wurden zu einem quasi-religiösen Germanen-Kult.

Ich möchte nicht missverstanden werden: ein Bild von „guten und schlechten Nazis" will ich nicht malen. Aber von radikal-kirchenfeindlichen besonderen Nazis ist zu reden, weil sie zunehmend an Einfluss auch auf die HJ (= Hitler-Jugend) und den

---

[8] Müller-Ebeling (1994) S. 110.

BdM (= Bund deutscher Mädel) gewonnen haben. Vom scheinbar kirchenfreundlichen Paragrafen 24 im NSDAP-Parteiprogramm, der von einem „positiven Christentum" als Grundlage sprach, verschob sich das NS-Selbstverständnis zunehmend. Die weltanschauliche Schulung der NSDAP ging immer mehr in eine fast „religiös" zu nennende anti-christliche Position über. Sie war dem bereits älteren völkischen Germanen-Mythos und einer phantasiereichen Überschätzung nordischer Wurzeln verpflichtet.

Abb. 12: Ahnenerbe-Emblem

Die „Forschungs- und Lehrgemeinschaft Das Ahnenerbe" sollte ab 1934/36 im Auftrag Himmlers und mit seiner SS in diese Richtung wirken.

Mit radikaler Ausgrenzung und andererseits arischer „Zuchtauslese" sollte eine neue Realität von „art-reinem Blut" auf dem germanisch vererbten „deutschen Boden" erreicht werden. Gesetzgebung zu Ehe- und Staatsangehörigkeits-Recht ebenso wie ideologische Schulung sollten dieses Ziel befördern. Sie kennen wahrscheinlich außer „Ahnenerbe" ähnliche Einrichtungen wie „Lebensborn" und Führer-Eliteschulen. Auch normale Schüler mussten ihre „Ahnen" in Stammbäumen aufschreiben.

Gerade das „Ahnenerbe" hatte seine Wurzeln bereits vor der NS-Zeit. Als einer dessen Haupt-Propagandisten wird neben Heinrich Himmler der Laienforscher Prof. H. Wirth genannt.

> Wirth hatte bereits Anfang der 1930er Jahre lebhafte Debatten in Hamburg erregt. Er phantasierte über eine „Ur-Geistes- und Ur-Symbol-Geschichte". Mehrere Zehntausende von Jahren und lange vor den Eiszeiten und der Kontinental-Drift sei ein monotheistischer Glaube aus Steinkritzeleien im Sinne von Symbolen eines Gottessohnes zu rekonstruie-ren. Diesseits und jenseits des Atlantik seien solche Traditionen des in grauer Vorzeit untergegangenen Atlantis zu erkennen.

Wirth behauptete, bei Steinzeitmenschen habe es bereits einen Christusglauben gegeben. Nicht aus Palästina oder vom Osten käme das Licht der Erkenntnis, sondern aus dem *Norden*. Das wäre *die* art-eigene religiöse Denkweise, die dem nordischen Germanen- und Heldentum angemessen wäre.

Ähnlich diesem Glaubenssatz bildete sich 1932/33 eine ganze Fraktion von Menschen, die in den Folgejahren eine „dritte Konfession" für Deutsch-Gläubige forderte.

Gegen diese Strömung gab es in Kirchengemeinden Vortrags-Veranstaltungen. Das geschah auch dort, wo die DC-Angehörigen, also die NS-nahen „Deutschen Christen" (= DC), mehrheitlich in die Kirchengemeinderäte gekommen waren. Gemeinsam wehrten sich in den ersten NS-Jahren DC und BK (= Bekennende Kirche) gegen die anti-christlichen Bestrebungen der „Neuheiden", die eine Anerkennung – quasi als eine „Dritte Konfession" – propagierten.[9]

---

[9] Siehe zu Vorträgen von Prof. Hauer die Erklärung von Tügel (1935) HambKZ (20.3.1935).

Solche Denkweisen gewannen zunehmend auch Bedeutung für die verschiedenen Institutionen, die an einer weltanschaulichen Schulung beteiligt waren – wie u.a. HJ und BdM.

Gegen die polemische Bezeichnung als „Neuheiden" in Abgrenzung zu ihren (einem germanisch-arischen Mythos verpflichteten) Denkweisen wehrten sich die Verfechter allerdings – wie deren Repräsentant der Tübinger Prof. Hauer. Sie erreichten eine entsprechende Bezeichnung als „gottgläubig", die in amtlichen Angaben zur Religionszugehörigkeit verwendet wurde.[10] Für die Auseinandersetzung und Argumentation bezüglich einer „artgerechten" Religion ist zeitgeschichtlich von besonderem Interesse das Buch von 1935, das Volkmar Herntrich (1908-1958), der spätere Hamburger Landesbischof (1954-1958) unter dem Titel „Neuheidentum und Christusglaube" verfasst hat.[11]

3.2 Welche Akteure stehen hinter dem kirchlichen Bau von 1939?

Zu drei Gruppen von Akteuren in diesem Kontext möchte ich vorweg Informationen geben: zu den Architekten, zu den treibenden kirchlichen Kräften und zur staatlichen NS-Einflussnahme. Dabei ist meine Perspektive wesentlich durch die erste Gruppe geprägt – nämlich, was wir in unserem H&J-Projekt auch über Kirchlichkeit der Architekten vor und in der NS-Zeit in Erfahrung gebracht haben. Diese Gewichtung gleicht etwas den Sachverhalt aus, dass in den Festschriften diese Sicht keine deutliche Rolle spielt.

3.3 Die Architekten Bernhard Hopp (1893-1962) und Rudolf Jäger (1903-1978)

Die beiden Architekten teilten bereits eine lange Bekanntschaft vor dem Bau in Berne und eine freundschaftliche Verbindung als Partner mit einander.[12] Zwar eröffneten sie das gemeinsame Architekturbüro erst nach 1934. Jedoch reicht auch ihr weiterer Freundes- und Bekanntenkreis teils bis zu ihrem Kennenlernen-Anfang der 1920er Jahre zurück. – Sie hatten sich über Schüler-„Bibelkreise" (die sich selbst seit langem mit BK abkürzten) sowie CVJM-Veranstaltungen kennengelernt.

> Dazu zählten u.a. Sommer-Ferienlager, die bereits vor dem 1. Weltkrieg in Schleswig-Holstein im „Schäferhof" veranstaltet wurden, an denen zuerst Bernhard Hopp als Heranwachsender vor dem Ersten Welkrieg und später – als ausgelernter Dekorationsmaler – als Gruppenleiter der CVJM-Veranstaltung teilgenommen hatte. Auch nach seiner Rückkehr aus dem Ersten Weltkrieg wirkte Hopp dort während seiner Berufstätigkeit und Studium an der Kunstgewerbeschule weiter als Leiter mit. So lernten er und der 10 Jahre jüngere Rudolf Jäger sich zuerst bei Bibelarbeiten und Freizeit-Abenteuern kennen.

---

[10] Siehe dazu Gailus (2020) SB S. 453 mit Anm. 33 ein Schreiben vom SS-Führer Heydrich vom Dezember 1936.

[11] Siehe dazu unten Anhang 5: Herntrich „Neuheidentum und Christusglaube" (1935) im Anhang mit URL.

[12] Siehe dazu ausführlich Gleßmer & Jäger & Hopp (2016) in Band 1 der Biografie zu B. Hopp.

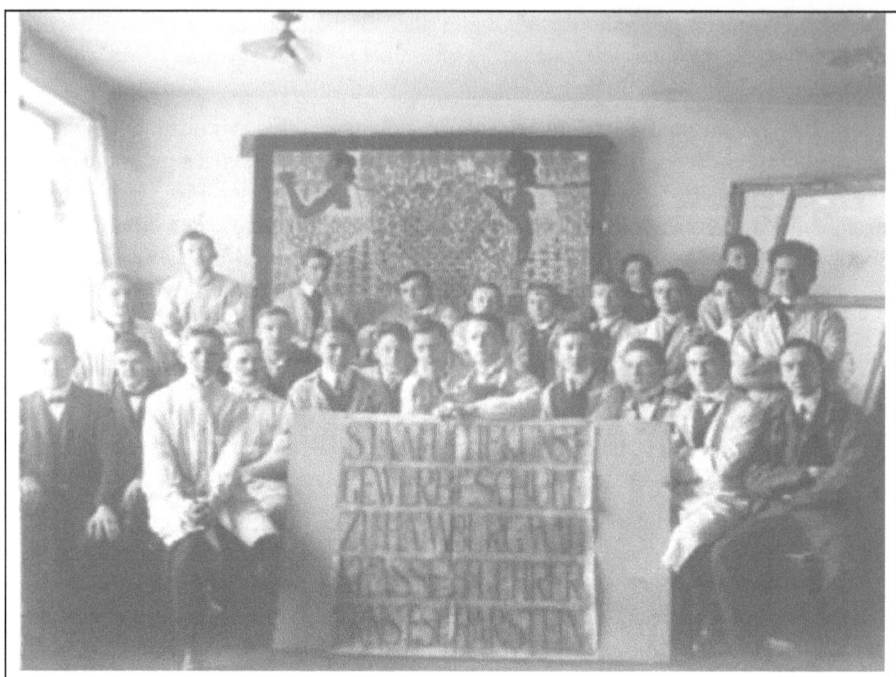

Abb. 13: Kunstgewerbeschule, Biographie Hopp I, S. 39

Auch außerhalb der Ferienlager leitete der inzwischen als Kunstmaler tätige B. Hopp zusammen mit dem Luther-Kirchengemeinde-Pastor im damaligen Altona den dortigen Schüler Bibel-Kreis (= BK). – Ein Altonaer Pastor, Fritz Engelke, wurde quasi zum „Familien-Pastor" (er traute 1923 Hopp und seine Frau sowie taufte später die Kinder). Engelke war ein engagierter Jugendpastor, der vielfach auch auf überregionalen Treffen der Jugendbünde und Pfadfinder begeisternde Bibelarbeiten mit jungen Leuten abhielt.[13] 1925 wurde er zum Direktor des Rauhen Hauses berufen – und wurde in anderer Weise später für Hopps Werdegang wichtig.

Für den Oberprimaner R. Jäger ist für die Zeit vor 1923 außer seiner Bibelkreis-Teilnahme – und bevor er 1924 zum Architektur-Studium nach Stuttgart wechselte – zu erwähnen, dass er in seinen Memoiren seinen Studienwunsch auf Hopp zurückführte und auf gemeinsame abendliche Zeichnungsentwürfe von Möbel- und Inneneinrichtungen.

Die meisten Details der nächsten 10 Jahre überspringe ich bis zu ihrem ersten gemeinsamen Architektur-Projekt: das war die Teilnahme am Wettbewerb für ein geplantes Denkmal an der Kleinen Alster 1930:

---

[13] Von ihm ist ein Buch online erhältlich, dass leicht lesbar Einblick in die Auseinandersetzungen um eine „art-eigene" Religion und „art-eigenen Jesus" gibt: siehe Engelke (1930).

Abb. 14: B. Hopp & R. Jäger: Denkmal-Entwurf 1930 (Hopp I, S. 68)

Beim Denkmal-Wettbewerb gewannen sie zwar nicht den ersten Preis – und der wurde auch gar nicht vergeben -, aber immerhin errangen sie einen Achtungserfolg als zweiter Preis (wie auch drei andere Entwürfe).

Hopp war inzwischen Leiter der „Werkstätten für kirchliche Kunst im Rauhen Hause" geworden. Zu Beginn von 1933 gab es allerdings Meinungsverschiedenheiten mit dem Vorstand. In dieser Zeit hatten Hopp und Jäger auf mehreren Ebenen mit dem Altonaer Pastor H. Asmussen im BK aber auch im Zusammenhang einer Ausstellung „Symbol und Form" zusammengearbeitet (S. 101). Dieser Pastor und sein Ruf als Gegner der NSDAP wurde vor allem durch das „Altonaer Bekenntnis" bekannt. Dieses war von Altonaer Pastoren nach dem berüchtigten „Blutsonntag" im Spätsommer 1932 erarbeitet und in öffentlichen Veranstaltungen am 11.1.1933 bekannt gemacht worden. R. Jäger war als einer der engagierten Laien in diesen Prozess einbezogen – und im Folgejahr dann auch Delegierter aus Altona auf der Bekenntnis-Synode 1934 in Barmen.

Wie genau das Auseinandergehen von Hopp und dem Rauhen Haus-Direktor Engelke abgelaufen ist, ist (über Formalia zu Mietzahlungen) hinaus nicht dokumentiert. Engelke ist kurz nach der 100-Jahrfeier der Gründung des Rauhen Hauses im September 1933 einerseits zum Vertreter des neu ernannten DC-Reichsbischofs Müller nominiert worden. Hopp andererseits ist mit seiner Familie auf den Darß nach MVP ausgewichen. Das ist für den weiteren Werdegang wichtig.

3.3.1 Typische Gestaltungen in H&J-Kirchbauten

Auf dem Darß begann dann auch die Tätigkeit als gemeinsam planende H&J-Architekten. Hopp hatte den Ortspastor dazu gebracht, mit günstig verfügbarem Material ein Kirchgebäude in Born/Darß zu bauen. Das brachte gewissermaßen den Durchbruch:

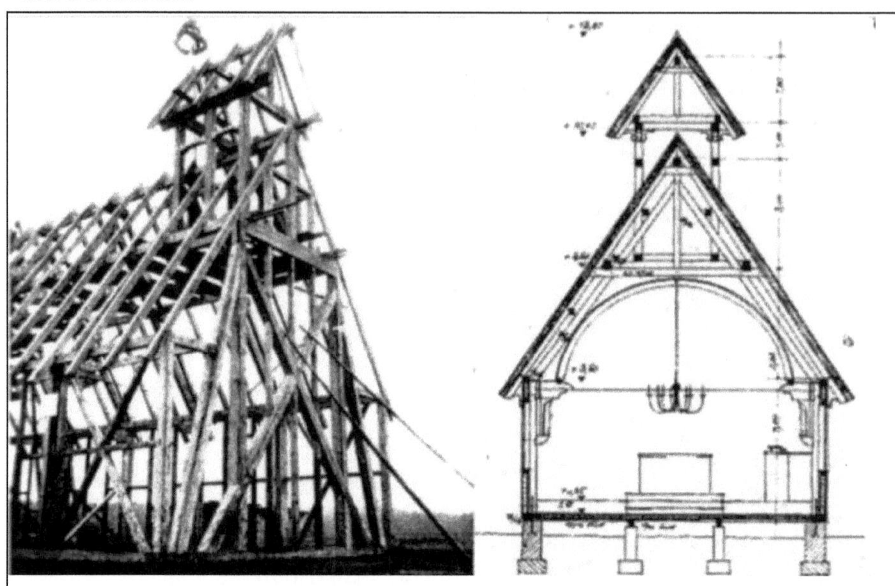

Abb. 15: Fischerkirche, Born / Darß (1934) - [Quelle: DBZ (1935) 592]

Dazu stand in der Deutschen Bauzeitung (1935) 592:

> „Wir möchten diesen evangelischen Kirchenbau, wie nur wenige unserer Zeit, als einen ausgesprochen deutschen Kirchenbau bezeichnen. Er könnte fast ein Beispiel dafür sein, in welcher Weise wir unsere Kraft für den Neuaufbau einer deutschen Baukultur zuerst ansetzen müßten."

Die Deutschen Bauzeitung nannte 1935 ihren in Born/Darß realisierten Bau der „Fischerkirche" als „einen ausgesprochen deutschen Kirchenbau".[14] Die Tonnendecke und die Verwendung einer Holz-Konstruktion war nicht nur im Sinne des erstarkten Heimatschutz-Gedankens, sondern in den nächsten Jahren auch wegen der Einsparung von kriegswirtschaftlich wichtigem Eisen folgenreich.

Abb. 16: Prerow

In Bezug auf „Tonnendecken" war B. Hopp durch seine vorherige Ausmalung der Seemannskirche im benachbarten Dorf „Prerow" (beim Pastor, zu dessen Bereich auch Born gehörte) geprägt. – Andererseits hatte Dipl. Ing. R. Jäger bei seinem Architekturlehrer Prof. Schmitthenner in Stuttgart handwerkliche Holz-Konstruktionen als favorisierten Heimatstil erlernt.

---

[14] DBZ (1935) S. 592; ausführlicher in Biografie I S. 124 (und S.133).

Von diesem ersten gemeinsamen Kirchbau eile ich mit Ihnen durch einige der H&J-Kirchen.[15] Bei den in List (auf Sylt) 1935 und Balje im Kreis Stade 1936 gebauten Kirchen erkennen Sie schon Gemeinsamkeiten. Sie werden uns später wieder begegnen als typische Gestaltungen, wenn wir die Bilder der Berner Kapelle von 1939 im Detail ansehen.

Abb. 17: St. Jürgen, List/Sylt (1935)

Abb. 18: Balje, Krs.Stade (1936)

Typisch sind unterhalb der beiden Emporen in dem jeweiligen Balken über den abtrennenden Fenstern zum Vorraum die Balkeninschriften:

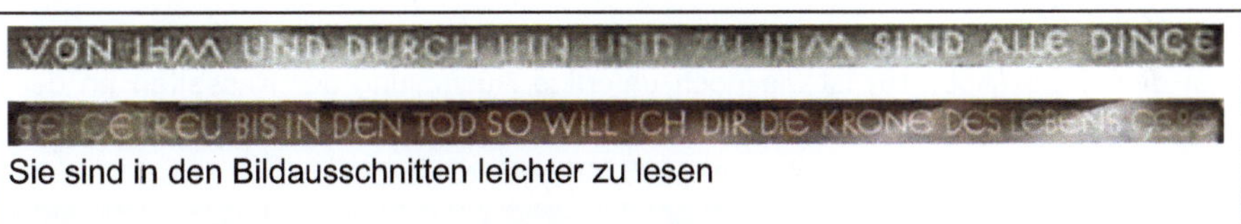

Sie sind in den Bildausschnitten leichter zu lesen

Ähnlich ist auch die Situation an der Empore der 1937/38 in Klein Borstel / Hamburg erbauten Kirche Maria-Magdalenen (= M.-M.). Auch hier findet sich eine ähnlich gestaltete Empore über dem abgetrennten Vorraum, der – wie in den zuvor genannten Kirchen – auch als Winterkirche oder für kleinere Versammlungen genutzt werden kann. Eine Besonderheit des Baues in Klein Borstel bildet zudem der darüber befindliche massive mehrgeschossige Turm. Über der Empore befinden sich noch zwei Stockwerke mit Konfirmanden- und einem weiteren Gruppen-Raum. Unter dem Turm ist zudem seit dem Bau 1937/38 auch ein tiefer Keller mit Luftschutzraum und Toilette vorhanden.

Die Balken-Inschrift unter dem Emporen-Träger aus Sicht des Kirchraums ist in dem vergrößerten Bildausschnitt (Abb. 19) nur zu ahnen. Sie lautet: „Wie dünkt euch um Christus?". In Matth 22,42 geht es nachfolgend um Frage und Antwort an die Gegner: „Wes Sohn ist er? Sie sprachen: Davids."

---

[15] Nachzulesen im Band I „Zur Biografie von Bernhard Hopp" sowie im „Projektbericht 2".

Abb. 19: Maria-Magdalenen, Kl. Borstel (1938) - HAA_ORh_009.28-15_(0324)

In der Zeit, als es um den „jüdischen" Jesus bzw. um Eliminierung entsprechender Hinweise in einigen Teilen der Kirchen ging, bildete dieses Zitat geradezu ein Bekenntnis.[16]

Auf dem Foto (Abb. 19) ist die noch unfertige Ausmalung der Kassetten an der Emporenbrüstung zu sehen, die B. Hopp begonnen, aber erst später nach der Einweihung der Kirche am 3. Advent 1938 fertiggestellt hat.[17]

Abb. 20: Maria-Magdalenen, Vorraum unter der Empore

Wie in der in der folgenden Woche, am 4. Advent 1938, (nach deren Total-Umbau) eingeweihten Kirche St. Lukas in Fuhlsbüttel, ist auch in M.-M. die vom Vorraum

---

[16] Vgl. zu diesem Problembereich ausführlicher zum zeitgenössischen Kontext bei Gleßmer & Jäger (2016³) S. 70 in Anm. 181 (siehe unten in Anm. 18).

[17] Vgl. zu den fertiggestellten acht Bildern und dem zentralen Text „Gott ist Liebe" (wie ähnlich im Beitext zum Altarraum-Bild des Gekreuzigten) bei Gleßmer & Jäger (2016³) S. 72f.

aus sichtbare Balkeninschrift ein wichtiger Wegweiser (aus den Psalmen des ersten Bibelteils):

"Seid stille und erkennet, daß ich Gott bin" (Ps 46,11).

Diese beiden Balken-Inschriften erscheinen auf den ersten rückschauenden Blick als nicht sehr besonders. Sie sind es jedoch in der Zeit der Auseinandersetzung um den „jüdischen" Anteil der Bibelüberlieferung.[18] Eine erste Besprechung der künstlerischen Gestaltung der M.-M.-Kirche hat der Barmbeker Pastor Wilhelmi 1939 im Barmbeker Boten gegeben.[19]

Tonnendecken sind außer in den beiden folgenden Hamburger Kirchbauten, der Lutherkirche in Wellingsbüttel sowie in St. Lukas (der „M.-M.-Mutterkirche") in Fuhlsbüttel, raumprägende Gestaltungselemente (wie auch in der hier nicht abgebildeten Johannes-Kirche in Hamm / Westf.[20]) :

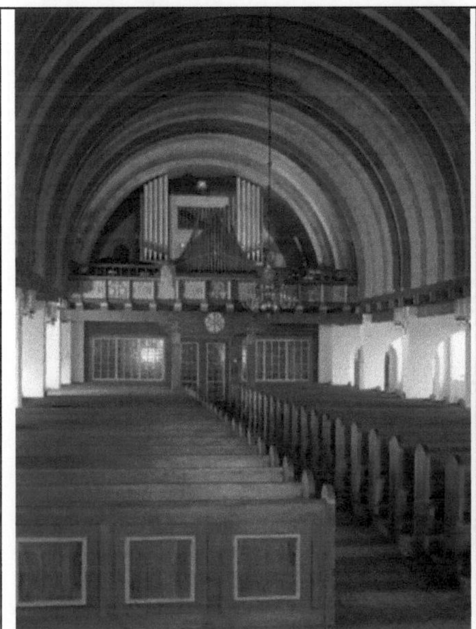

Abb. 21: St. Lukas, Fuhlsbüttel

Abb. 22: Wellingsbüttel

---

[18] In der Zeitschrift ‚Das Evangelische Hamburg', die seit März 1937 unter der Bezeichnung ‚Das Niederdeutsche Luthertum' erschien, findet sich der Beitrag „Wie bezeugen wir die Gottessohnschaft Jesu nach den Synoptikern?". Dieser Artikel beginnt mit genau der Frage der Balken-Inschrift: „Die Hauptfrage des Christentums: ‚Was dünket euch um Christus, wes Sohn ist er?' steht wieder einmal im Vordergrunde. Das ist zu begrüßen, legt uns Pastoren aber die Pflicht auf, nun aufs neue unsern Gemeinden und vor allem unserer Jugend zu ‚beweisen', daß Jesus der Sohn Gottes ist..." Bracker (1937) EvHamburg S. 250.

[19] Siehe Auszüge bei Gleßmer & Jäger (2016³) S. 57 (mit Anm. 159) zur Namenspatronin.

[20] Siehe dazu im „Projektbericht 2" S. 70ff.

In beiden Kirchen sind „Seitenschiffe" auch konstruktiv einbezogen, um die auseinanderstrebenden Kräfte aufzufangen, die sich durch die tragenden Dachbalken aus der Konstruktion der Tonnendecke ergeben.

Abb. 23: Luther-Kirche. Wellingsbüttel (1937)

In St. Lukas ist es vor allem der über den Seiten laufende Balken, der lange biblische Inschriften trägt. In Wellingsbüttel sind es die oberhalb der Ständer für die hier zusätzlichen Seitenemporen, die auf den Vorder- und Hinterseiten Beschriftungen bieten. Die bearbeiteten Ausschnittsvergrößerungen lassen die Details sowohl bei den eingeschlagenen Buchstaben als auch die Luther-Beischrift besser erkennen:

oben:

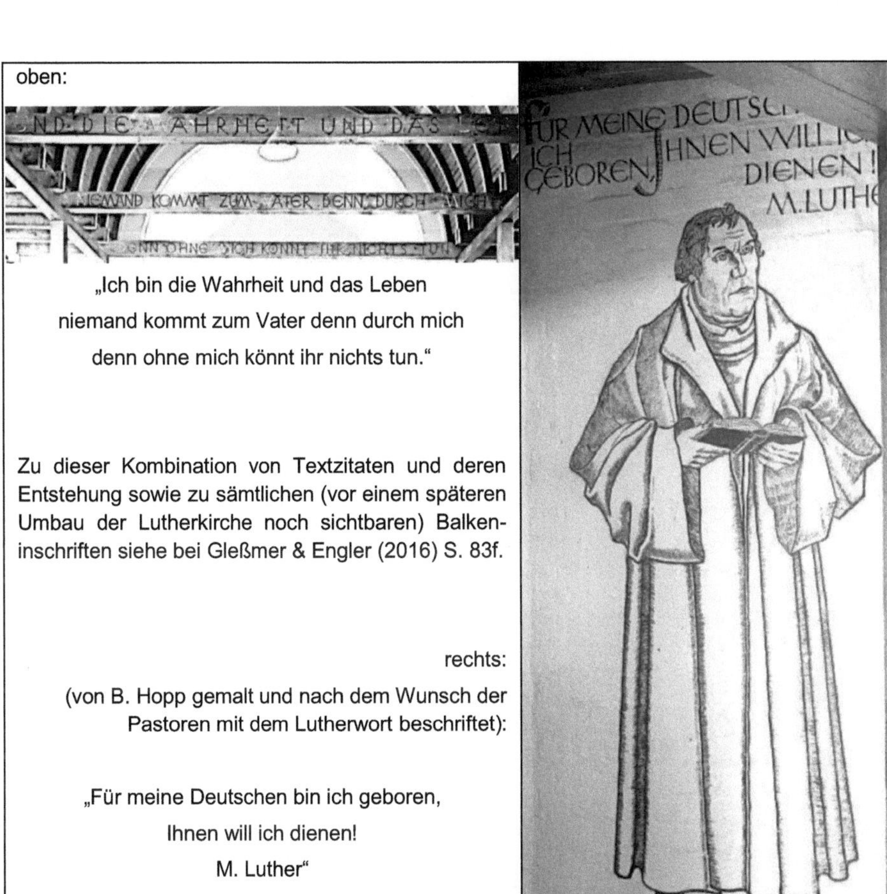

„Ich bin die Wahrheit und das Leben

niemand kommt zum Vater denn durch mich

denn ohne mich könnt ihr nichts tun.“

Zu dieser Kombination von Textzitaten und deren Entstehung sowie zu sämtlichen (vor einem späteren Umbau der Lutherkirche noch sichtbaren) Balkeninschriften siehe bei Gleßmer & Engler (2016) S. 83f.

rechts:

(von B. Hopp gemalt und nach dem Wunsch der Pastoren mit dem Lutherwort beschriftet):

„Für meine Deutschen bin ich geboren,

Ihnen will ich dienen!

M. Luther“

Durch die ab 1936/1937 greifenden Vierjahres-Plan-Auflagen – und die „Ersatz-Holzkonstruktionen“ bekommen die Balken noch mehr Bibel-fromme Betonung. – Allerdings auch der NS-affine „Orts-Geist“ gewinnt Gestalt, dazu passt sich auch die Benennung nach dem Namenspatron als „Lutherkirche“ mit einem Bild und dem zugefügten Lutherwort. (Sie können auch manchmal von einem etwas anderen Text erzählt bekommen. Aber das ist ein anderes langes Kapitel…).[21]

3.3.2 H&J-Gestaltung der Berner Kapelle 1937-1939

Zurück zur Kapelle in Berne. Deren Planung begann 1936. 1937 hatte bereits ein architektonischer Entwurf dem Kirchenvorstand der Muttergemeinde in Rahlstedt vorgelegen. Aber erst 1938 konnte der Bauplatz gefunden und von der Finanzverwaltung erworben werden. Er war wegen des feuchten Grundes, den wir

---

[21] Siehe dazu u.a. bei Gleßmer & Engler (2016) S.83ff und S. 127 Anm. 331.

vorhin aus der Karte erahnen konnten, nicht für den Siedlungsbau genutzt worden. Dazu komme ich noch bei den anderen Akteuren.

Dokumentarisch sicher sind wir wieder mit dem Originalfoto der Kapelle von 1939:

Abb. 24: nochmals HAA_ORh_008.3_(0223)

Diese Aufnahme ist nicht nur seitenrichtig, sondern sie lässt mit der hohen Auflösung auch zahlreiche Details der Umgebung gut erkennen.

Abb. 25: Ausschnitt zur Lienaustraße

Abb. 26: Niveau-Unterschied im Nordosten mit Blick zum Teich

So ist mit dem Niveau-Unterschied auch der kleine Teich nach Nordosten in Richtung zum Berner Wald sichtbar. Auch die Ausrichtung des Gebäudes zur

Straße und deren Abgrenzung sowie die gegenüberliegenden Siedlungshäuser sind genau zu sehen.

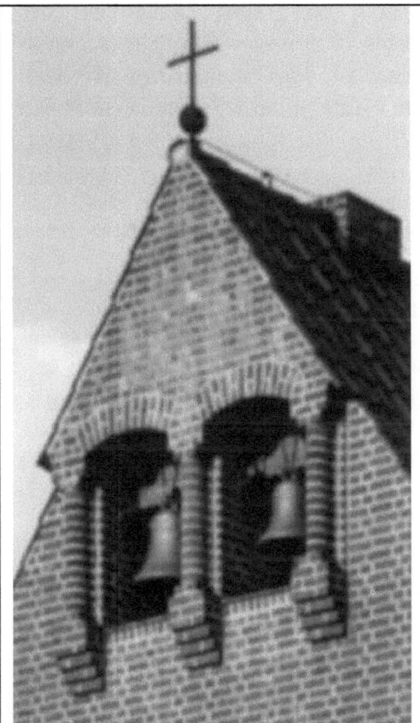

Abb. 27: Formsteine heben die Glocken am Giebel hervor

Abb. 28: Architektonisch begründbar boten die massiven Stützen den Eindruck einer Wehrkirche

Die Sicht vom Lienauplatz aus zeigt über dem Eingangsportal die beiden Glocken in den durch Formsteine architektonisch betont hervorgehobenen Nischen. Kirche wird auf diese Weise auch ohne Turm sichtbar gemacht. Der Blick auf die außen verstärkte, abgeschrägte Stütz-Tragkonstruktion erweckt zugleich den Eindruck einer Wehrkirche.

3.4 Trägerschaft der Rahlstedter Muttergemeinde

Außen- und Innengestaltung von kirchlichen Gebäuden ist nicht nur Sache der Architekten, sondern geschah und geschieht in Abstimmung mit den Bauträgern. Dabei ist das Äußere und Konstruktive sicherlich vom architektonischen Fachwissen und statischen Überlegungen mehr von der Architekten-Seite geprägt. Bei der Ausgestaltung des Innenraums sind andererseits die Träger und Pastoren mit ihren Vorstellungen besonders gefragt, damit es zu einem gemeinsamen Entwurf kommt.

Die Rahlstedter Muttergemeinde gab „ihrem Pastor Christian Hoeck im Jahre 1927 den Auftrag, alle 14 Tage abwechselnd in Farmsen und Berne Gottesdienste zu halten."[22] – In Berne gab es damals nur eine ältere kleine Kapelle beim Gut, in die knapp 40 Personen passten und die vom Gutsbesitzer, Herrn de Boer, zur Verfügung gestellt war. Berne wuchs mit und auch außerhalb der Genossenschaftssiedlung in den Jahren 1933 bis 1936 weiter. Ein Ausweichen in das größere Volkshaus der Siedlungsgenossenschaft der Gartenstadt reichte vom Platz her zwar aus, kostete aber Miete. Zudem wurde in der NS-Zeit dieser Raum mehr oder weniger von den Nazis okkupiert.

> „Der Wunsch nach eigenen kirchlichen Räumen beschäftigte nun den Rahlstedter Kirchenvorstand mehrfach, wo u.a. in einer Sitzung am 9. November 1936 nachdrücklich festgestellt wurde, daß ,die Errichtung eines gottesdienstlichen Gebäudes in Berne dringend notwendig geworden sei'. Man beschloß den Erwerb eines von Herrn de Boer kostenlos zur Verfügung gestellten Grundstückes von ca. 1.500 qm, welches in seinem Park gelegen war. Jedoch bekam die Kirche hierzu keine Erwerbsgenehmigung durch den Staat. Nun verhandelte man über ein anderes Grundstück, welches sich im Besitz der Finanzverwaltung befand. Aber auch hier kam es zu keiner Genehmigung.
>
> Nahezu ein Jahr dauerte es, bis der Rahlstedter Kirchenvorstand zu einem Grundstück kam. Der ,Reichsstatthalter ' genehmigte mit Schreiben vom 10. September 1937 den Kauf des Platzes, auf welchem nun endlich mit dem Bau der Kirche begonnen werden konnte."[23]

Was hier nicht ausdrücklich gesagt wird, ist zeitgeschichtlich jedoch sehr wichtig. Kirchlich gehörte Rahlstedt zur Schleswig-Holsteinischen Landeskirche, die unter dem Himmler-Freund und Gau-Leiter Hinrich Lohse sich eher restriktiv gegenüber Kirchbauten verhielt. 1937/1938 war Rahlstedt jedoch durch das Groß-Hamburg-Gesetz unter die Verwaltung des Hamburger Gauleiters und Reichsstatthalters gekommen. Dadurch kam auch die Frage der kirchlichen Zugehörigkeit der Propstei Storman in eine gewisse „Schwebe".

> Wohl in Erwartung der Aufnahme dieser Propstei in die Hamburgische Landeskirche hatte der Landesbischof Tügel auch für den Kirchenbau in Wellingsbüttel bereits im Frühjahr 1937 die dortigen Baukosten mit dem größten und noch fehlenden Teilbetrag unterstützt (25.000 RM). Er war bereits seit längerem bei den DC wieder ausgetreten und war in manchen Fragen moderater – trotz weiterer NSDAP-Mitgliedschaft. Zudem war er auch B. Hopp wegen dessen Restaurierung der St. Jacobi-Turmhalle 1935 verbunden.

Am besten vorstellbar scheint es zu sein, dass auch für Berne in 1937 die Fäden zur Freigabe des Grundstückes für einen H&J-Bau über das Hamburger Landeskirchenamt (= LKA) in die Politik gelaufen sind.

Bereits zeitlich vor der Erlaubnis zum Grundstückserwerb war vom Rahlstedter Kirchenvorstand die Einrichtung einer Hilfsgeistlichenstelle beim Kieler LKA erreicht worden. Sie sollte zuerst für Meiendorf zuständig sein, wurde jedoch ab 1937 in Farmsen und Berne mit einem Pastorat versorgt. Der Rahlstedter Gemeinde war …

> „…gelungen, mit Wirkung vom 1. Januar 1937 Pastor Jürgen Sommer als Hilfsgeistlichen für diesen Seelsorgebezirk zugewiesen zu erhalten. Farmsen erhielt am Kupferdamm ein Pastorat mit Predigtstätte. Dorthin zog auch der junge Geistliche.

---

[22] Rademacher (1995) S. 198.

[23] KG Berne (1989) S. 4.

Der endgültige Bauentwurf der Architekten lag am 1. November 1937 vor."[24]

Zu zahlreichen Pastoren sind über eine Webseite seit 2022 auch die Daten zugänglich, die in einem Forschungsprojekt von Helge-Fabien Hertz im Rahmen einer umfangreichen Dissertation zur NS-Zeit in Bezug auf NS-Affinität der Pastoren in Schleswig-Holstein untersucht wurden.[25] Darunter befinden sich auch Angaben über Jürgen Sommer: allerdings sind für ihn keine NS-nahen Zugehörigkeiten, sondern die zur „Bekennenden Kirche" vermerkt.[26] Das wusste ich zuvor nicht, obwohl ich aus einer Kooperation[27] auch die Webseite http://www.geschichte-bk-sh.de kannte, auf der die Mitgliederlisten der BK mit den Zugehörigkeiten zu den Propsteien sowie die Namen und Adressen der Pastoren aufgeführt sind:

1934	20. Propstei Stormarn. 138 Hoeck, Christian 139 Herntrich, Friedrich 140 Bothmann, Bernhard 141 Fries, Andreas 141a Andersen, Ernst Georg	Rahlstedt Bez. Hamburg " " " Wandsbek, Volksdorferstr.138 Reinbek Bez.Hamburg Sasel Bez.Hamburg Daerblöcken43	
1936	20. Propstei Stormarn. 138 Hoeck, Christian 139 Herntrich, Friedrich 222 Sommer, Jürgen 141 Fries, Andreas	Altrahlstedt Post Rahlstedt " " " Meiendorf b/Rahlstedt Reinbek	
1938	20. Propstei Stormarn. ========================== Hoeck, Christian Herntrich, Friedrich Sommer, Jürgen	Hbg.-Rahlstedt " " Hbg.-Farmsen, Kupferdamm 66,II.	

Deutlich wird Folgendes: sowohl die Pastoren, die in dieser Zeit in Rahlstedt amtierten wie der ältere C. Hoeck (* 1881 - † 1967; 1908-1958) und F. Herntrich (* 1903 - † 1951; 1934-1951), als auch der neu erst in der NS-Zeit 1935 ordinierte J. Sommer (* 1909 - † 1943; 1936-1943) gehörten dieser kirchenpolitischen Fraktion, der BK, an. – Das werden die im engeren Sinne zur Kirchengemeinde gehörenden Besucher sicher gewusst haben, – auch als sie 1939 die Ansprache von Propst G. Dührkop anhören mussten.

Die vermutlich vom NS-Vokabular geprägte Ansprache Propst Dührkops vom 19.3.1939 liegt jedoch nicht vor. In der Festschrift von 1989 wird Dührkop ersatzweise als NS-Negativ-Beispiel anhand eines Rundbriefs von 1934 charakterisiert. Dessen Reproduktion aus dem Stormarn-Buch von Schreyer soll deutlich machen, was „jeden Berner Sozialdemokraten und Christen zutiefst

---

[24] KG Berne (1989) S. 4.

[25] Siehe dazu die NDR-Reportage „Untersuchung über Pastoren in der NS-Zeit: 'Ein Meilenstein'.pdf" (https://www.ndr.de/nachrichten/schleswig-holstein/Untersuchung-ueber-Pastoren-in-der-NS-Zeit-Ein-Meilenstein.pdf"); vgl. aber auch bei Godzik (2023) S. 32ff.

[26] Helge-Fabien Hertz (Hrsg.): Pastorenverzeichnis Schleswig-Holstein (2022). Jürgen Johannes Andreas Sommer. URL: https://pastorenverzeichnis.de/person/jurgen-johannes-andreas-sommer/ [abgerufen am 11.11.2024].

[27] Mit Peter Godzik, der die BK-SH-Webseite administriert, siehe Godzik (2018) SB S.16.

bestürzt und beschämt haben" muss.[28] Damit wird jedoch ein zeitgeschichtlicher und ideologischer Rahmen auch für die Einweihung 1939 nahegelegt, der für die BK-Ortspastoren aus Rahlstedt nur mit Einschränkungen 1 zu 1 als gültig übernommen werden sollte.

3.5 Staatliche Einflussnahme auf den Bau

In den ab 1989 erschienenen Schriften ist wiederholt auf Dührkop und seinen (vermutlich auch 1939) radikal-nationalsozialistischen DC-Redebeitrag Bezug genommen worden. Und auch vom „Gemeindevorsitzenden", also der politischen Gemeinde Farmsen-Berne, namens Paetel ist in verschiedenen Dokumenten später die Rede.

> Es handelt sich dabei um Otto Paetel, der im Buch von Heinz Böe (1978) S. 87 als sein temporärer Nachfolger (ab 1933) als Schulleiter der Farmsener Volksschule erwähnt wird:
>
> „Otto Paetel, 1928 Lehrer, Fachlehrer für Werkunterricht von Juni 1933-1938 Rektor, dann Schulrat, danach Bürgermeister von Bergedorf, Mai 1945 gestorben."

Er wird auch von Rademacher (1995) S. 114 für die Zeit ab 1933 erwähnt:

> „Mit Beginn des NSDAP-Regimes begann Herr Otto Paetel mit der Wahrnehmung der Arbeit eines Gemeindevorsitzenden."

Näheres Wissen über ihn war anscheinend den früheren Veröffentlichungen der 1970er bis zu den 1990er Jahre nicht verfügbar – oder nicht in die Darstellungen aufgenommen. – Allerdings wurden in der späteren Publikation von U. Schmidt, dem ehemaligen Schulleiter des Gymnasiums Farmsen, interessante Details zu O. Paetel aus Archiven ermittelt und zitiert:[29]

> „Grenzüberschreitungen von HJ-Führern stießen auf die Gegenwehr von Schulleitern, die sich nicht scheuten, sich mit der Jugendorganisation anzulegen: So beschwerte sich 1937 der Schulleiter der Gemeindeschule Farmsen und nachmalige Schulrat, Otto Paetel, über die anmaßende Form eines Rundschreibens eines Jungbannführers des HJ-Bannes 188 (Hamburg-Nord) an die Schulleiter dieses Bereichs, in dem er ihnen im Tone eines Vorgesetzten Anweisungen erteilte, wie sie die 'Musterung' der Jungen für das Deutsche Jungvolk und eine diesbezügliche Fragebogenaktion durchzuführen hätten. Der Leiter der Schuldienststelle der HJ, Hans Einfeldt, wirkte jedoch mäßigend auf den HJ-Funktionär ein und machte ihm klar, dass er Rundschreiben nur nach vorheriger Genehmigung durch die Schulverwaltung versenden dürfe."

---

[28] Schreyer (1981) S. 107 = KG_Berne (1989) S.10-11.

[29] Schmidt (2010) S. 424. – Siehe dort auch zur HJ allgemein S. 400f: „Gestützt auf Hitlers programmatische Erklärungen zur „Volksgemeinschaft" auf dem Nürnberger Reichsparteitag 1934, sah Schirach in der von ihm geführten Hitler-Jugend das Instrument, die grundlegenden Ziele nationalsozialistischer Jugenderziehung umzusetzen – den Kampf um die Einheit des Volkes als „Volksgemeinschaft", die Verwirklichung von „Treue", Gehorsam, Härte, „Ehre" und „Stolz" und nicht zuletzt Wehrertüchtigung als Vorbereitung auf den Krieg: „Die HJ ist keine Gründung des Staates für die Jugend, sondern eine Gründung der Jugend für den Staat."[1457] Diese Formulierung verdeutlicht, dass mit „Jugenderziehung" vor allem eine Dressur der Jugendlichen zur Systemanpassung beabsichtigt war, sie zielte auf die ethische Neutralisierung der Jugend und führte dort, wo dieses durchgesetzt wurde, zur „Normverwilderung", zur Gleichgültigkeit gegenüber Schwächeren und Menschen, die einer Minderheit angehörten"

Auch Schmidts langjähriger Stellvertreter, Dr. Harald Brandes (zugleich Klassenlehrer meiner Abitur-Jahrgangsklasse), soll ebenfalls über die Gemeinde Berne und Farmsen publiziert haben. Mein ehemaliger Abitur-Kollege (1971/1) am Gymnasium Farmsen, Ehrhard Rothacker, hatte mir auf meine Nachfrage zu Bildern und Quellen zu seiner Berner Zeit außer den unten noch folgenden Fotos folgenden Hinweis gegeben:

> „Mit sehr viel Interesse und Engagement über die Gemeinde in Berne und Farmsen recherchiert hat m.W. unser ehemaliger Schuldirektor Herr Dr. Brandes nach seiner Pensionierung und hat das auch öffentlich gemacht. Frag mich bitte aber nicht wo."[30]

Möglicherweise gehen die Paetel-betreffenden Passagen bei Schumacher (1995) auf den stellvertretenden Schulleiter des Gymnasiums Farmsen H. Brandes zurück. Zumindest wird „Harald Brandes" auch in den Danksagungen bei Rademacher genannt.[31] Bei meiner Suche – u.a. mit Hilfe der Witwe von Harald Brandes (1933 – 2015) – zur oben genannten speziellen Veröffentlichung war ich leider bisher erfolglos.[32]

Dieter Frettlöh, der Ehemann der hier in Berne von 1989-1991 tätigen Pastorin, Dr. Irmgard Christiansen-Frettlöh, schrieb in seinem zeitgeschichtlichen Beitrag zum 50. Kirchweih-Jubiläum auf, was er in Berne gehört hatte:

> „Heute erzählt man sich, daß der zuständige Gauleiter von Farmsen, wo die Kirche eigentlich hätte gebaut werden sollen, gesagt habe, man solle sie in Berne als Bollwerk gegen den Bolschewismus bauen."[33]

Diese Erzählung ist ähnlich wie diejenige, die ich eingangs von einem Berner Siedler-Genossen wiedergegeben habe. Darin war direkt Hitler als veranwortlich für den Bau 1939 gedacht. Solche den Kindern erzählten Kurzbeschreibungen werden auch so schnell nicht in Vergessenheit geraten, wenn sie ins Bild passen.

Allerdings sind in beiden Erzählungen die Hierarchie-Ebenen um Nummern zu hoch gegriffen. Einen Gauleiter gab es in Kiel für SH und einen anderen in HH. Der höchste NSDAP-Repräsentant in Farmsen-Berne war eigentlich der Ortsgruppenleiter. Das Telefonbuch für 1938 nennt als Ortsgruppenleiter *Walter Vagt* unter den

---

[30] Mail vom 09.11.2024. Besonderer Dank gilt Ehrhard Rothacker für die Zurverfügungstellung der unten verwendeten Fotos aus der Zeit 1963-1964 (Abb. 35, Abb. 36, Abb. 38, Abb. 40 und Abb. 41).

[31] Rademacher (1995) S. 1; allerdings wurden die entsprechenden Abschnitte nicht genauer spezifiziert. Rademacher war Herausgeber der „Farmsener Rundschau" (und wohl zwei seiner Töchter waren Schülerinnen des Gymnasium Farmsen). Vielleicht lässt sich über dessen Familie noch Quellenmaterial sichern? – Möglicherweise auch über den Verlag der „Rundschau", die für mehrere Stadtteile ab 1997 von Astrid Hannemann herausgegeben wurde.

[32] H. Brandes ist für seine zahlreichen Beiträge (u.a. zum Vereinsleben im Bürgerverein und Gründung des Klein-Flottbeker Archiv-Vereins) geehrt worden: „Dr. Harald Brandes 80 Jahre" ist ein Artikel überschrieben, der über seine vielfältigen Aktivitäten und die Portugaleser-Verleihung mit Fotos berichtet. (Manfred Walter.- in: Unser Blatt : Klein Flottbek Othmarschen; Sonderheft Januar 2013 18.)

[33] KG Berne (1989) S. 9.

Funktionsträgern. Auch in dem (inhaltlich älteren) Buch „Die Geschichte der hamburgischen Landgemeinde",[34] das „zur Erinnerung an die Farmsen-Berner Heimatwoche 1936" neu herausgegeben wurde, unterschrieb als Ortsgruppenleiter W. Vagt. *Otto Paetel* (1894-1945) [35] war Schulleiter der Farmsener Schule (1933-1938). Sucht man in den Zeitungen der NS-Zeit, so findet man zahlreiche Hinweise auf ihn als NSDAP-Parteigenossen (= Pg) – besonders als begehrten Redner. Erst als Lehrer und Gemeindevorsitzender, später mit der Bezeichnung „Bürgermeister" in Farmsen-Berne, dann Schulrat und ab 1940 Leiter der Hauptdienststelle bzw. „Bürgermeister" in Bergedorf (in der Position eines hamburgischen Obersenatsrats). Einige der vielen Zeitungs-Ausschnitte mögen diesen Weg von Pg. Otto Paetel an gekürzten Auszügen illustrieren:

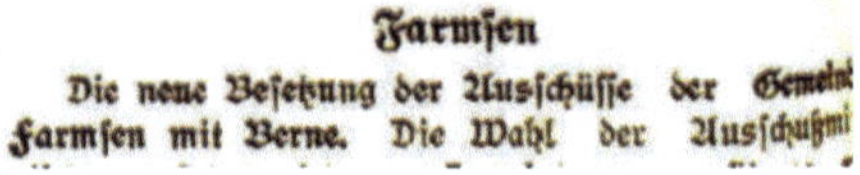

Farmsen

Die neue Besetzung der Ausschüsse der Gemein= Farmsen mit Berne. Die Wahl der Ausschußmi…

Abb. 29: HambTagebl 4 Juni 1933 S 8: Schul- u Steuerausschuss mit O. Paetel.

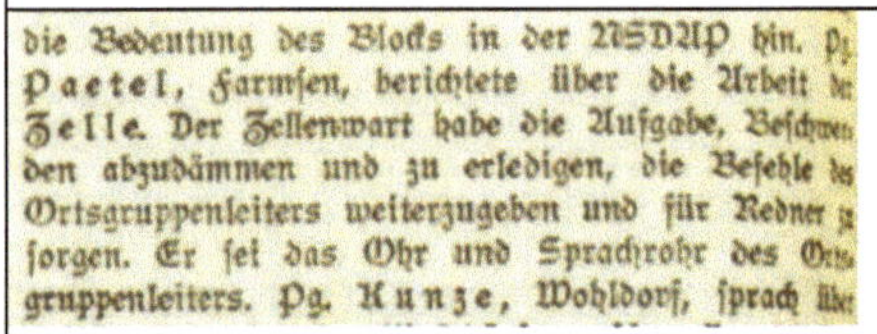

die Bedeutung des Blocks in der NSDAP hin. Pg Paetel, Farmsen, berichtete über die Arbeit de Zelle. Der Zellenwart habe die Aufgabe, Beschwer= den abzudämmen und zu erledigen, die Befehle des Ortsgruppenleiters weiterzugeben und für Redner zu sorgen. Er sei das Ohr und Sprachrohr des Orts= gruppenleiters. Pg. Kunze, Wohldorf, sprach übe…

Abb. 31: Abb. 30: HambTageb 19 Juni 1933 S 10: Ohr und Sprachrohr des Ortsgruppenleiters

Vorbildlich in Farmsen

Unser jüngstes derartiges Schutzgebiet (Endstation Linie 8) ist direkt vorbildlich und entstand aus einer — ehemaligen Ziegeleigrube in Farmsen unter der einzigartigen Förderung des früheren Bürger= meisters Paetel im Verein freiwilliger Helfer des „Reichsbundes für Vogelschutz" (— unter richtiger Flagge!). K. R.

Abb. 32: HambTageb 20 April 1938 S 05 Vorbildl. Vogelschutz

Als Gast-Redner in Bergedorf:

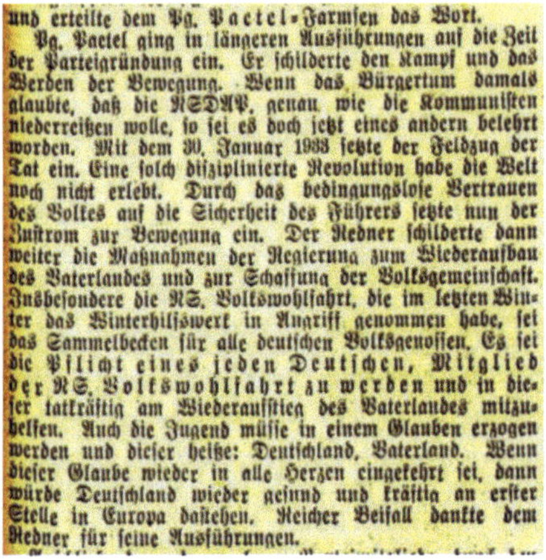

und erteilte dem Pg. Paetel=Farmsen das Wort. Pg. Paetel ging in längeren Ausführungen auf die Zeit der Parteigründung ein. Er schilderte den Kampf und das Werden der Bewegung. Wenn das Bürgertum damals glaubte, daß die NSDAP, genau wie die Kommunisten niederreißen wolle, so sei es doch jetzt eines andern belehrt worden. Mit dem 30. Januar 1933 setzte der Feldzug der Tat ein. Eine solch disziplinierte Revolution habe die Welt noch nicht erlebt. Durch das bedingungslose Vertrauen des Volkes auf die Sicherheit des Führers setzte nun der Zustrom zur Bewegung ein. Der Redner schilderte dann weiter die Maßnahmen der Regierung zum Wiederaufbau des Vaterlandes und zur Schaffung der Volksgemeinschaft. Insbesondere die NS. Volkswohlfahrt, die im letzten Win= ter das Winterhilfswerk in Angriff genommen habe, sei das Sammelbecken für alle deutschen Volksgenossen. Es sei die Pflicht eines jeden Deutschen, Mitglied der NS. Volkswohlfahrt zu werden und in die= ser tatkräftig am Wiederaufstieg des Vaterlandes mitzu= helfen. Auch die Jugend müsse in einem Glauben erzogen werden und dieser heiße: Deutschland, Vaterland. Wenn dieser Glaube wieder in alle Herzen eingekehrt sei, dann würde Deutschland wieder gesund und kräftig an erster Stelle in Europa dastehen. Reicher Beifall dankte dem Redner für seine Ausführungen.

Abb. 30: BergedZeit 23 Februar 1934 S 03 Gast-Redner in Bergedorf, der das Werden der Bewegung schildert.

Von O. Paetel wird Teilnahme an der NS-Volkswohlfahrt (= NSV) auf dem Hintergrund des Winterhilfswerks als Verpflichtung herausgestellt. Jugend müsse „Germany first" lernen.

---

[34] Dibbert & Baalk (1936).

[35] Otto Paetel wird auch bei Schmidt (2010) Bd. 2, 1016 erwähnt und auf Bd. 1 S. 382 verwiesen. In seiner Zeit war W. Vagt „NSDAP-Ortsgruppenleiter in Hamburg-Farmsen" wie in Bd. 1 382 in einer Fußnote angemerkt wird. Paetel hat sich und untergeordnete Funktionäre als „Ohr und Sprachrohr des Ortsgruppenleiters" im HambTageb 19 Juni 1933 S. 10 dargestellt. Weitere Verweise siehe unten im Anhang „Anhang 4: Biographisches zu Einzelpersonen".

Für die Situation des Bauplatzes ist Paetels Einsatz für Vogelschutz deshalb von Interesse, weil das Angebot von Herrn de Boer für einen Kirchbauplatz im Gutspark wahrscheinlich nicht genehmigt wurde, weil der Schutz des Waldes als NS-Errungenschaft besonders wichtig genommen wurde.

In ihrer primär auf die Geschichte der Genossenschaftssiedlung gerichteten Studie ist C. **Müller-Ebeling** der Frage des Bauplatzes genauer nachgegangen. Sie schildert anhand der Akten der politischen Gemeinde u.a. den Ort des späteren Kirchbauplatzes. Die Unterlagen vom Spätsommer 1933 betreffen ein Ärgernis, das ein früher als Müllkippe genutzter Tümpel bildete. An der Ecke Lienaustraße / Berner Allee sollte diese stinkende Situation beseitigt werden:

> „Im August beauftragte die Baubehörde denn auch Pflichtarbeiter der Arbeiterfürsorge mit der Aufschüttung des Tümpels. Dennoch lag das Gelände weiterhin brach. Erst 1937 wird es als Bauland in Erwägung gezogen. Es ist die Kirche, die die Finanzbehörde bittet, dieses städtische Gelände bebauen zu dürfen. Das geht aus einem Brief der Gartenstadt Hamburg eG an den Farmsener Gemeindevorsitzenden Paetel hervor. An diesen Bauplatz der künftigen Kirche grenzt das Grundstück an, das die Gartenstadt der [politischen UG] Gemeinde abtreten mußte, damit diese dort ein Hitler-Jugend-Heim errichten konnte."[36]

Vermutlich war der Gemeindevorsitzende Paetel bereits 1933 beim Wunsch nach Beseitigung der Müllkippe gefordert. Auch an späteren Stellen wird er namentlich genannt. Aus einem Brief von ihm an den Rahlstedter Pastor Friedrich Herntrich vom Januar 1935 wird er wie folgt zitiert:

> „… die frühere entgegengesetzte politische Einstellung der beiden Ortsteile, sowie auch weiter der Umstand, daß der Ortsteil Berne eine in sich geschlossene Siedlung bildet, haben es mit sich gebracht, daß in früheren Jahren eine starke Entfremdung der Ortsteile eingetreten ist. Seit Übernahme der Gemeindeverwaltung durch die NSDAP ist es uns gelungen, die Entfremdung in starkem Maße herabzumindern und einen Ausgleich zwischen beiden Ortsteilen herbeizuführen."[37]

Die Autorin fährt fort mit einer Mischung aus eigener Bewertung und von Angriffs-Ahnungen „der" Berner, wie sie oben im zitierten kirchlichen Text „50 Jahre" angeführt wurden:

> „Nach undurchschaubaren Grundstücksverhandlungen konnte der Kirchenbau in Angriff genommen werden. Und zwar im doppelten Wortsinne, denn als staatlich verordneten Angriff auf ihre anti-nationalsozialistische Gesinnung verstanden die Berner dieses

---

[36] Müller-Ebeling (1995) S. 90 mit Anm. 40: „StA HH, 412-4/3 Gemeinde Farmsen, 3. Geplanter Kirchenbau in Berne 1934-37, Brief der Gartenstadt Hamburg eG arn 18.6.1937 an den Gemeindevorsteher Paetel." – Wann das HJ-Heim in Berne (die spätere Kita) eingeweiht wurde, ist noch nicht sicher erkennbar. Am 27.4.1939 war es noch im Entstehen, wie es im HambFremdenblatt S. 6 in einem Bericht über eine Informationsfahrt des Kreisleiters, Ratsherr Eggers, hieß: „Einen freundlichen Eindruck macht die Gartenstadt Berne mit ihren 600 Wohnungen sowie modernem Schul- und Kirchbau. Dort ist ein neues HJ-Heim im Entstehen...". Das HJ-Heim in Farmsen wurde von O. Paetel als bisherigem Bürgermeister am 2.4.1938 übergeben (HambTagebl v. 3.4.1938 S. 7).

[37] Müller-Ebeling (1995) S. 115 mit Anm. 57: „StA HH, 412-4/3 Gemeinde Farmsen 152, Geplanter Kirchenbau in Berne 1934-37."

‚Bollwerk', das, wie man ahnte, auf Geheiß des Farmsener Gauleiters hier ‚gegen den Bolschewismus' erbaut werden sollte.

Der politische Umschwung hatte bewirkt, daß die gleichgeschaltete Genossenschaft dem Staat ein Gelände zum Bau eines HJ-Heimes überlassen mußte. Angrenzend daran gab es das erwähnte sumpfige Gelände. Wegen des schwierigen Baugrundes verkaufte es der Reichsstatthalter dem Kirchenvorstand zum günstigen Quadratmeterpreis von 0,75 RM. Die ersten Bauplanungsgespräche mit den Architekten Hopp & Jäger fanden am 10. Juni 1937 statt".[38]

Die beiden Absätze stellen Begriffe – wie (sachlich unangemessen) „Farmsener Gauleiter" – und „Reichsstatthalter" unkommentiert nebeneinander. Sie verweisen jedoch auch sachangemessen auf den pragmatischen Hintergrund. Denn das früher (wohl mit vom Gemeindevorsteher Paetel) beabsichtigte Zuschütten des Tümpels war 1933 anscheinend nicht nachhaltig genug erfolgt. Für eine Bebauung erschien zumindest das Gelände lange als nicht nutzbar. Insofern räumte die staatliche Finanzverwaltung schließlich zwar einen niedrigen Kaufpreis ein, konnte dafür aber eine öffentliche Aufgabenlast (der Bebauungs-Reife des Grundstücks) auf die neuen Käufer abwälzen. Sie mussten das Gelände mit 2000 m^3 Boden aufschütten lassen.

Dieses ist ganz ähnlich im Sinne des heutigen Sprachgebrauchs von Win-Win auch in Wellingsbüttel 1937 mit der Pflege des nahen vorzeitlichen Hügelgrabes und in Klein Borstel 1937/38 mit einer Müllgrube und einem dort eingetieften Luftschutzkeller unter dem Kirchturm erfolgt.[39] Zudem zählten die Kirchbau-Aufträge auch arbeitsmarktpolitisch - und schlugen zugleich finanziell zu Buche.[40]

Bei der politischen Entscheidung für einen Kirchbau in Berne waren sicher auch ideologische Gesichtspunkte *mit* entscheidend. Im oben zitierten Brief des Farmsener Gemeindevorsitzenden an den Rahlstedter Pastor Herntrich von 1935 wird auf die inzwischen herabgeminderte „frühere entgegengesetzte politische Einstellung" als Argument verwiesen.

---

[38] Müller-Ebeling (1995) S. 115.

[39] Dass der mehr pragmatische Weg möglicherweise durch den ehemaligen Wandsbeker Landrat von Stormarn, Dr. Bock von Wülfingen (1885-1954) Landrat von 1933-1936, und seinem Wechsel nach Hamburg zusammenhängt, ist meine Vermutung. Mit dem Groß-Hamburg-Gesetz 1937 und parallel mit der Reichsreform wurde eine „Staatsverwaltung des Reichsstatthalters" neu geschaffen, in der er schnell aufgestiegen ist. Der studierte Verwaltungsjurist und Spezialist der stormarnschen Verwaltungs- und Wirtschaftsstruktur wurde Berater und enger Mitarbeiter des Hamburger Gauleiters / Reichsstatthalters Karl Kaufmann. C. Bock von Wülfingen war christlich durch den Johanniter-Orden geprägt. Er vermittelte auch noch in Wellingsbüttel gegensätzliche Positionen u.a. mit dem SH-Gauleiter H. Lohse zugunsten des dann 1937 fertiggestellten Baues der Lutherkirche (nahe dem ideologisch bedeutsamen vorgeschichtlichen Hügelgrab). Er trat 1937 der NSDAP bei. „Allerdings übte er in diesen Organisationen kein politisches Amt aus. 1938 suchte er karrierebedingt um Aufnahme in die Allgemeine SS nach und wurde 1941 zum Obersturmbannführer der NS-Abteilung Nordsee ernannt", wie es im Online-verfügbaren www.StormarnLexikon.de heißt.

[40] Vgl. dazu den Bericht über H&J Kirchbauten und Planungen in der (gleichgeschalteten) Zeitschrift KuK (1939); zu Berne dort in KuK (1938) S. 22.

Unklar ist bei der Lektüre, ob Paetel mit dem Ausgleich zwischen beiden Ortsteilen z.B. auch diejenigen neueren Berner in „Berne hinter'm Wald" im Blick hatte. (Dort wohnten manche Lehrer-Kollegen von Paetel. Z.T. war er als Schulleiter in Farmsen am Wechsel von Lehrern zwischen der Schule Berne und Farmsen beteiligt). Lehrer als neue Mitbewohner konnten auch in den schwierigen Zeiten der Weltwirtschaftskrise (vor allem westlich der Lienaustraße) Siedlungshaus-Hälften finanzieren und waren teils anders als viele früher siedelnde Genossen gepolt, die mehr der Arbeiterschaft entstammten.[41] Auch Paetels Lehrer-Kollege H. Holzgreen war Bewohner eines Siedlungshauses im Saselheider Weg. Er war 1930 Schulleiter der neuen Schule von Berne geworden. Allerdings fand dort wie in der Farmsener Schule 1933 ein Austausch mit einem deutlich NS-affinen Kollegen statt. Holzgreen wurde von dort versetzt. Er war 1933 nicht mehr ein NS-Wunschkandidat auf dieser Stelle.

Der jetzt mehrfach zitierte Gemeindevorsitzende Paetel war 1933 zum Schulleiter in Farmsen „aufgestiegen" und später 1938 zum kommissarischen Schulrat. Er war sicher NS-affin und trotzdem in Kirchenfragen anscheinend vermittelnd. Ebenso sind auch für den Briefpartner und BK-Pastoren F. Herntrich dessen frühe parallelen NS-Mitgliedschaften dokumentiert.

> Von Paetel ist mir aus seinem Schulkontext nur die von ihm geführte Beschwerde gegen einen anmaßenden HJ-Führer bekannt.[42] Ob dahinter indirekt möglicherweise eine Abgrenzung gegenüber einer von der HJ betriebenen anti-kirchlichen Indoktrination gestanden haben könnte, mag man spekulieren. Es würde sich sein Eintreten gegenüber Pastor F. Herntrich für bessere kirchliche Versorgung in Berne auch auf einem solchen Hintergrund erklären lassen.

Ich möchte mit den Hinweisen auf die Spannungen in den Textdeutungen keinen Zwist auslösen. Denn die kirchlichen Bemühungen, wie sie seinerzeit in den 1980er zur Annäherung zwischen dem Berner Pastor Schöneich und der SPD unternommen wurden, ging ja bereits vor 40 Jahren in die mir richtig und notwendige erscheinende Richtung: nämlich Verständigung über ideologische Grenzen hinweg. Nur dafür möchte ich werben, dass die Wahrnehmung von Auswahl und Perspektiven in historischen Darstellungen mehr bedacht werden.

> Die 1989 zitierte – damals relativ neue – Quelle von A. Schreyer zur „Geschichte der Kirche in Stormarn" von 1981 war in ihrer selektiven Wahrnehmung sehr zeit- und persönlich bedingt.[43] Vielleicht findet sich ja noch jemand, der eine neuere Version der Geschichte dieser Gemeinde im heute erkennbaren Kontext schreibt und Zeit zum Lesen und Recherchieren hat.

---

[41] Müller-Ebeling (1995) S. 92ff.

[42] Schmidt (2010) Bd. 1, S. 424 und dessen Referat oben bei Anm. 29.

[43] Vgl. dazu u.a. Gleßmer / Engler (2016) S. 119 ein Beispiel für „Geschichtsklitterung" durch diesen Autor, der als Archivar im Kirchenkreis Stormarn tätig war – und z.T. in Volksdorf auch als Heimatforscher gerühmt wurde. – In dem genannten Buch von 1981 ist Propst Dührkop, der primär für die NS-Ausrichtung typische Repräsentant, während die vielen Pastoren der Propstei, die etwa H.-F. Hertz als NS-affin dokumentieren konnte, nicht thematisiert wurden.

Auf jeden Fall konnte – anders als in Schreyers Buch – nicht schon 1938, sondern erst am 19.3.1939 die Kirchweihe der neuen Kapelle in Berne gefeiert werden.

4 Der Umbau zur Friedenskirche 1962-1964

Auch zur Nachkriegsphase der Gemeinde wären sicherlich noch manche unterschiedliche Perspektiven etwa zu Pastor Surkau und Pastor Rothacker zu erheben. Darum soll es aber hier nicht weiter gehen. Das in der Festschrift von 1989 wiedergegebene Bild vom Einzug der Konfirmandinnen und Konfirmanden in das noch nicht umgebaute Kapellen-Gebäude zeigt wiederum eine verfremdende Perspektive auf die Südwestseite der alten Kapelle. Auch hier liegt eine Vertauschung der Seiten vor – ähnlich wie wir sie oben bereits gesehen haben. Das Eingangsportal liegt auf jeden Fall – wie 1939 – zum früheren „Lienauplatz".

Abb. 33: Konfirmation wohl 1951 mit Pastor Ernst Rothacker (gespiegelt aus KG_Berne (1989) S. 17)

Das mag aber hier auf sich beruhen, ebenso wie das folgende Jahrzehnt und die Tätigkeit von P. Rothacker für den „Kirchengemeindeverband Rahlstedt" nur in einer Hinsicht zu nennen ist: nämlich im Blick auf Bereitstellung von Ressourcen für die Bauplanungen in den 1960er Jahren.

Ich möchte als Vorbereitung auf unseren Rundgang nachher jetzt den Blick auf die Umbauphase der Kapelle zu einer Kirche mit Turm lenken. Dem vorgeschaltet musste der Bau eines Gemeindesaals erfolgen, um eine Ausweichmöglichkeit für Gottesdienste während der Bauzeit zu schaffen.

4.1 Kirchbau mit Gemeindehaus

Wo von H&J *neue* Kirchbauten in der Wiederaufbauzeit ab den späten 1950er Jahren geplant und realisiert wurden, ist normalerweise ein neben der Kirche aufgerichteter Turm zu sehen. Dem Kirchraum vorgelagerte Türme mit direkt in den Gottesdienstraum führenden Eingangshallen unter dem Turm waren zu Zeichen älterer Architektur geworden. Diese Funktion wurde zunehmend auf andere und möglichst zweckmäßige architektonische Verbindungen verlagert.

In Berne war es die besondere topographische Situation, dass die mit erworbene feuchte Niederung nordöstlich der Kirche dort eine Erweiterung auf dem anschließenden Areal nahe gelegt hatte. Durch eine zweigeschossige Nutzung konnte halb oberirdisch auch ein Tiefgeschoss gebaut werden.

Abb. 34: Gemeindehaus-Baugrube (1962); aus: Rademacher (1995) S. 208

Die bei der Beton-Konstruktion vorgesehenen Fensteröffnungen sollten Tageslicht in die Räume gelangen lassen – trotz Tiefgeschoss:

Abb. 35: Bau des Gemeindeshauses zwischen Juli 1962 – 15.12.1963 (mit mehreren Fotos von Ehrhard Rothacker)

Der Rohbau begann nach den Erd- und Grundierungsvorarbeiten ab Juli 1962 und beanspruchte die Zeit über den Winter. Schnee war bereits bei der Baugrube zu sehen. Das voranstehende Foto des Rohbaus zeigt auch noch blattlose Bäume.

Das nächste Foto mit den belaubten Bäumen lässt bereits den Baufortschritt und die neue Verbindungshalle zur Kirche erkennen:

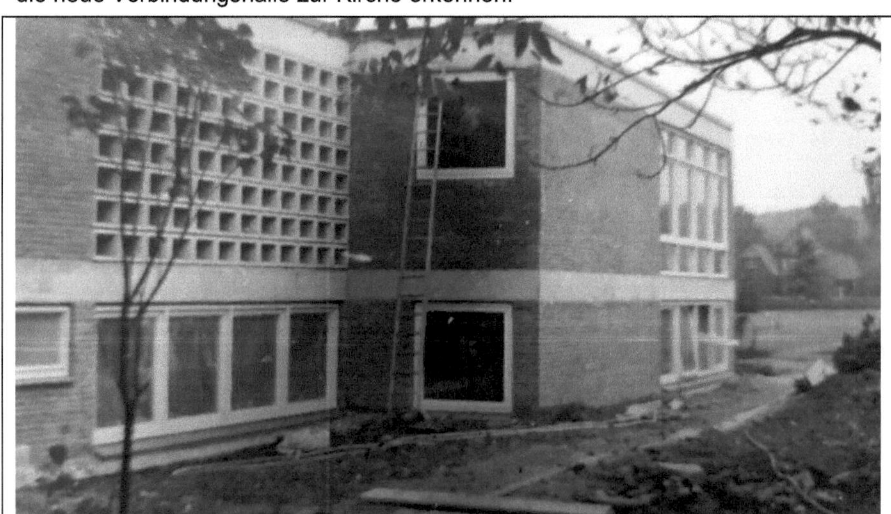

Abb. 36: Verbindungshalle zwischen neuem Kirchen-Eingang und dem Gemeindesaal 1963 (Richtung NO)

Über die Fertigstellung und Eröffnung am 28.10.1963 wurde im Hamburger Abendblatt unter dem Titel „Seit gestern hat Berne ein neues Gemeindehaus" berichtet.[44]

Abb. 37: Eröffnung des Gemeindeshauses am 28.10.1963

In der Festschrift von 1989 findet sich S. 6 im Artikel von Alf Schreyer die chronologisch unrichtige Angabe, dass die Einweihung des Gemeindehauses am 15.12.1963 erfolgt sei.[45] Von dem jungen Fotografen, Ehrhard Rothacker, wird als „Schlüsselszene" (Abb. 38) festgehalten: seinem Vater, Pastor Ernst Rothacker, wird vom Architekten, Dipl. Ing. Rudolf Jäger, der Schlüssel zum fertigen Gemeindehaus in der Lienaustraße Nr. 6 überreicht:

---

[44] Für die Seite im Lokalteil „HH/1" vom 29.10.1963 danke ich Helmut Kittlitz sehr.

[45] In KG-Berne (1989) wird auf S. 16 in einer Bildunterschrift allerdings richtig „Oktober 1963" und „Berner Gemeindehaus wird eingeweiht" angegeben.

Abb. 38: Schlüsselübergabe bei der Einweihung des Gemeindehauses vom Architekten Rudolf Jäger an Pastor Ernst Rothacker (1963)

Auf dem zuvor abgebildeten Zeitungsfoto vom 29.10.1963 sind diese beiden Hauptfiguren bei näherer Betrachtung ebenfalls hinter dem Posaunenchor an der (wohl noch) verschlossenen Tür zu erkennen.

Wieder vom Fotografenmeister O. Rheinländer stammt die offizielle Innenaufnahme der Verbindungshalle in Richtung zum Gemeindesaal, wie auch Sie diese beim Kommen gesehen haben (allerdings noch ohne einladende Möblierung, aber immerhin mit Wohnlichkeit andeutender Pflanze):

Abb. 39: Gemeindehaus innen Verbindungshalle [HAA_ORh_008.24_(0242)]

4.2 Kirchbau mit Turm

Zwei Fotos zeugen auch vom Interesse des jungen Fotografen am Turm, der auch den luftigen Blick auf das Pfarrhaus erlaubte:

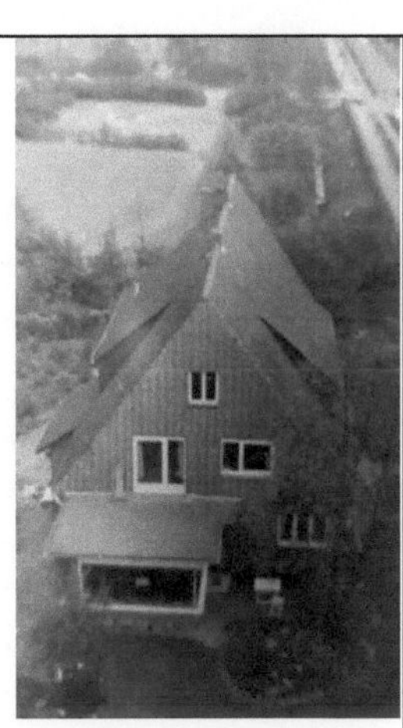

Abb. 40: Turmbau (1963/4)

Abb. 41: Blick auf das Pastorat von 1951

Die fertige Kirche wurde am 1. Advent 1964 (also würden wir morgen das 60. Jubiläum begehen) wieder von O. Rheinländer für das offizielle Foto festgehalten:

Abb. 42: HAA_ORh_012.65-2035_(0354)

Das Architekturbüro firmierte nach dem Tod von B. Hopp (18.9.1962) nicht mehr mit dem Kürzel H&J sondern als JGB (für die Architekten Jäger, Gries und Brunzema).

Im inneren Kirchenraum wurden große Veränderungen mit der Drehung um 180 Grad bewältigt, um die Verbindung zum Gemeindesaal organisch herzustellen. Es musste mit der Verlegung des Zugangs einerseits die Wand des früheren Eingangsportals zugemauert werden. Auf diese Seite kam der Altar an die Stelle, wo früher der abgetrennte Vorraum unter der Empore war. Andererseits wurde eine Empore an der gegenüber liegenden Giebelwand eingebaut und der Ausgang seitlich zur Verbindungshalle verlegt. Vor allem wurde aber unterhalb der

Tonnendecke eine neue Tragkonstruktion geschaffen. Durch die Beton-Bauweise mit Pfeilern ließ sich zugleich die Grundfläche erweitern. So konnten 70 neue Plätze in den beiden neu entstandenen „Seitenschiffen" geschaffen werden. Auf dem folgenden Bild sind die jetzt das Tonnengewölbe und Dach tragenden Stahl-Beton-Stützpfeiler mit den groben Nachzeichnungen angedeutet. Zu erkennen ist eine Szene bei einer „Goldenen Konfirmation" 2001: der Gruppe am Altarraum zugewandt steht Pastor Ruppert;[46] Pastor Kühl ist in der zweiten Reihe rechts mit dem Bäffchen zu sehen:

Abb. 43: Die Betonträger-Konstruktion im Inneren;
die Altar-Orientierung wurde um 180° gedreht [Quelle: KG_Berne (2009)]

Zwischenzeitlich waren 1963/1964 die Entwürfe von Klaus Jürgen Luckey für den Altarraum entstanden. Sie zeigen die segnend grüßende Christusfigur:

---

[46] Dank gilt Frau Vierle, die beim Vortrag die Jahreszahl 2001 spontan angegeben hat. Sie hatte auch für die Festschrift von 2009 über dieses Ereignis bzw. die Konfirmation 1951 berichtet (siehe oben das Foto mit dem Einzug in die Kirche durch das ehemalige Portal).

Abb. 44: Werkstatt-Modell
HAA_Jäger_Lüden_N043.3401_(0673)

Sie wurde für die zugemauerte neue Altarraumrückwand über dem neuen Altar geplant. Dort würde durch das neue Fenster an der Südost-Seite zu Gottesdienstzeiten vormittags das Licht auf die ansonsten schmucklose Wandfläche und den Altar fallen. So würden die geometrischen Strukturen auch der segnend grüßenden Christusfigur besonders hervortreten.

Diese Christusfigur grüßt bis in die Gegenwart die Besuchenden – wie die kleine Urenkelin des 1978 verstorbenen Architekten R. Jäger.

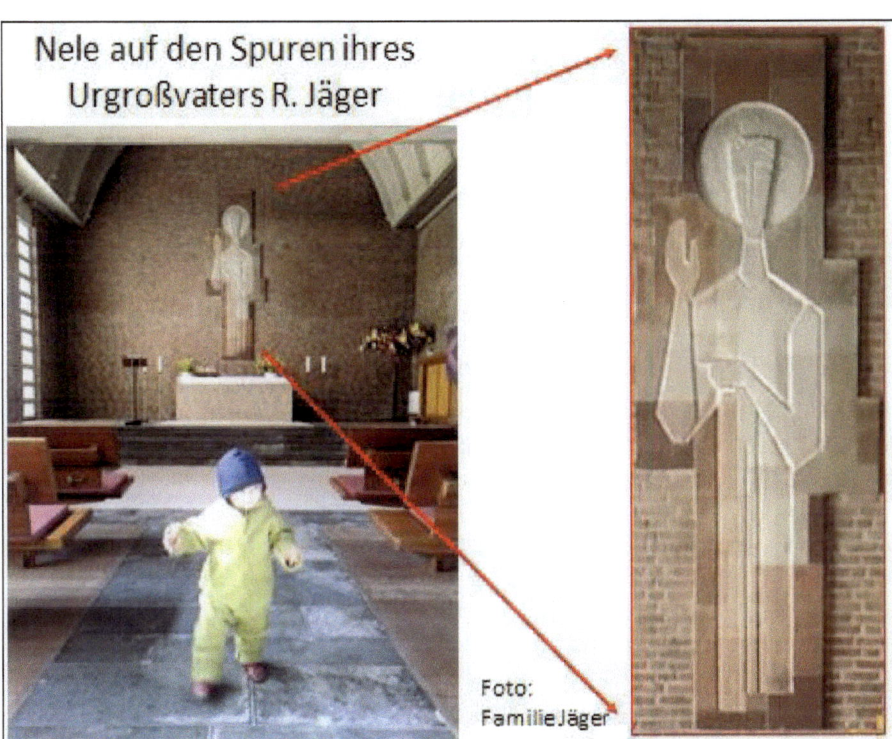

Abb. 45: Für Foto (und Ausschnitt) gilt Familie Jäger mein besonderer Dank

Wie mit diesem Kunstwerk wohl verfahren wird, wenn der Raum künftig nicht mehr ein Generationen überspannender Ort in der Trägerschaft der Kirchengemeinde sein wird, ist mir z.Z. noch eine offene Frage. Darüber können wir uns ja nachher austauschen, wenn alle einmal diesen Kirchenraum von innen gesehen haben.

5 Resumé

Insgesamt sind aus der Präsentation mehrere Dinge festzuhalten, die sicher nicht erschöpfend sein können, aber einige Schlaglichter werfen:

- Das Engagement des Denkmalvereins um die Thematik, die um dieses Gebäude-Ensemble sich rankt, ist von einer erstaunlich großen Besucherschaft von 35 Personen genutzt worden.
- In dem Ambiente, das von S. Schwarzmann und anderen zur Veranstaltung und deren Ablauf Beitragenden vor und im Gemeindesaal geschaffen worden war, sind entspannte und nicht-polarisierte Gespräche möglich gewesen. Vor und in der Präsentation und danach mit anschließendem Rundgang durch Kirchenraum und Empore sind unterschiedliche Sichtweisen ausgetauscht worden.

- Ob der Wunsch, dass möglichst von Zeitzeugen das noch zugängliche Wissen der Gemeindegeschichte dokumentiert werden sollte, realisiert werden kann, ist leider bisher auch im Nachgang der Veranstaltung noch nicht erkennbar.
- Insofern sind in Anhang 3 erst einmal Sachverhalte, die sich im Zusammenhang der Vorbereitung und aus dem Rundgang am Tage der Präsentation ergeben haben, zusammengestellt, um auf diese Weise eine vorläufige Dokumentation vorzunehmen.

6 Anhang 1: Frühere H&J-Veröffentlichungen zu Berne

6.1 Die Kapellen in HH-Berne und Sundern

In Band I „Zur Biografie von Bernhard Hopp … bis 1939" (2016) ist ein mehrseitiger Abschnitt enthalten (S. 213-216 bzw. -219):

In der Sichtung der Architektur, die H. Hipp für den Stadtteil Farmsen-Berne vorgenommen hat, finden sich zwar die Siedlungsbauten der Gartenstadt Berne des Architekten Ostermeyer aus den 1920-er Jahren sowie der Schumacherbau der Schule Lienaustraße 1929/30. Jedoch ist die Friedenskirche gar nicht erwähnt,[47] – möglicherweise, weil sie in der Zeit ihrer Erbauung noch keinen ‚eigenen Namen' hatte. So ist dieses Gebäude auch in anderen Zusammenstellungen nicht zu finden, zumal damals noch die Kirchen-Gemeinde in Alt-Rahlstedt zuständig war, wie auch im folgenden Ausschnitt aus der Liste mit 1938 geplanten Kirchbauten vermerkt ist:[48]

16. Hamburg=Berne, Gemeinde Altrahlstedt, Kirche. (Geplant. Archit. Bernh. Hopp und Rud. Jäger, Hamburg.)

In: Kunst und Kirche 15,2 (1938) S. 22

Die Übersicht „Kirche in Stormarn" gab 1981 u.a. folgende Information zur Kirchengemeinde Berne:

> „Im Jahre 1938 konnte die von Hopp und Jäger erbaute Kirche eingeweiht werden. Die geistliche Versorgung erfolgte von Alt-Rahlstedt aus. Das Pastorat in der Berner Allee wurde 1951 gebaut und 1964 konnte die Kirche erweitert und mit einem Turm ausgestattet werden. Schließlich entstand noch das Gemeindehaus in der Lienaustraße."[49]

In der Festschrift „70 Jahre Friedenskirche Berne 1939-2009" finden sich dazu mehrere abweichende Angaben:

> „Nach Durchführung der Bauarbeiten fand am 19. März 1939 die festliche Weihe der Kirche statt."[50]

---

[47] Hipp (1990^2) S. 474f.

[48] Zur Zeitschrift ‚Kunst und Kirche' siehe auch unten [S. 222] bei Anm. 643.

[49] KG_Berne_2009.pdf und Schreyer (1981) S. 123.

[50] KG_Berne_2009.pdf S. 3.

Auch die Reihenfolge von Bau des Gemeindehauses und anschließendem Umbau der Kirche und Errichtung des Turmes stellt sich in der Festschrift anders [als bei Schreyer] da:

> „Im Jahre 1963 wurde das neu errichtete Gemeindehaus eingeweiht. Danach konnte mit dem Umbau der Kirche begonnen werden, und am 1. Advent 1964 feierte die Gemeinde ihren ersten Gottesdienst in der umgebauten Kirche. Seitdem trägt sie den Namen ,Friedenskirche Berne', das hatte der Kirchenvorstand im November 1964 beschlossen."[51]

Zu Umbau und Namensgebung 1964 existiert u.a. folgender Zeitzeugenbericht:

> „Dann war es sehr spannend zuzusehen, wie der Künstler Klaus Jürgen Luckey die Christusdarstellung aus den verschiedenfarbigen Steinen entwickelte. Zunächst war ich skeptisch: Was soll denn das wohl werden? Jetzt finde ich das Relief wunderschön und es gibt mir auch etwas Friedliches. Friedenskirche ist ein guter Name und so hoffe ich, dass auch immer Frieden drin ist."[52]

Nicht vermerkt ist in der Festschrift von 2009, dass sowohl der Bau von 1939 als auch der Gemeindehausbau und Umbau der Kirche 1963/64 durch H&J realisiert wurde. Aufgrund der abgebildeten Fotos ist aber schnell erkennbar, dass bereits der ursprünglich 1939 als Kapelle bezeichnete Bau von diesem Architekturbüro stammt:[53]

 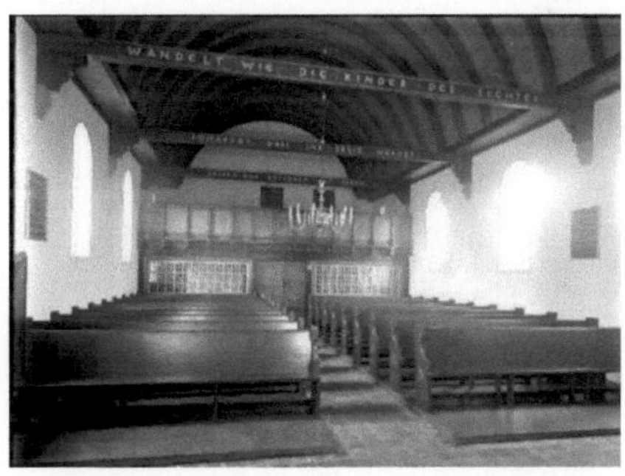

Insbesondere der Blick zur damaligen Empore mit dem darunter gelegenen und mit kleinen quadratischen Kathedralglasscheiben abgetrennten Vorraum, die Kassetten-Brüstung der Empore, die Tonnendecke, der Kronleuchter sowie die Balken-Inschriften[54] lassen die Nähe zu anderen H&J-Bauten deutlich erkennen.

---

[51] KG_Berne_2009.pdf S. 3.

[52] KG_Berne_2009.pdf S. 96. (Interview mit Charlotte Kalckbrenner von Klaus Lorenzen). Die Kirche wird „nach dem Umbau am 1. Advent 1964 geweiht" (ebda).

[53] Links: HAA_ORh_008.12_(0232), rechts: HAA_ORh_012.3_(0353). Diese Fotos von Otto Rheinländer finden sich in KG_Berne (2009) S. 78 in einem Abschnitt von Christel Vierle (geb. Hilscher) über die früheren Balken-Inschriften.

[54] In Richtung zum Altar: „Ich lebe und ihr sollt auch leben" (Joh 14,19), „Er ist unser Friede" (Eph 2,14 – Micha 5,4); „Der Herr ist mein Hirte" (Ps 23,1); in Richtung zum Ausgang: „Wandelt wie die Kinder des Lichtes" (Eph 5,9); „Schaffet, dass ihr selig werdet" (Phil 2,12); „Lasset uns aufsehen auf Jesum" (Heb 12,2).

Selbst später ist auf der umgebauten neuen Empore die Inschrift am Orgelprospekt in der Schrifttype u.a. mit dem markanten „G" von Bernhard Hopp erkennbar.[55]

Im Unterschied zur Festschrift von 2009 ist in der von 1989 erhaltenen Dokumentation festgehalten:

> „Mit der Bauplanung wurden die Hamburger Architekten Bernhard Hopp und Rudolf Jäger beauftragt. Die Bausumme von 25.000 RM stand durch den Verkauf von Kirchenland in Farmsen für Kasernenbauten zur Verfügung. (Ursprünglich gab es dort Pläne für den Bau einer Garnisonskirche und einer Gemeindekirche im Ortsteil Farmsen). ...Der endgültige Bauentwurf der Architekten lag am 1. November 1937 vor. Man hatte eine Bausumme von 30.000 RM vorgesehen, die lt. Zwischenabrechnung vom 15. Oktober 1938 nur um 2.317,84 RM überschritten wurde."[56]

In der Festschrift von 1989 findet sich S. 5 auch die Außenaufnahme der Kapelle – jedoch in einer seitenverkehrten Wiedergabe eines Ausschnittes aus dem Foto, das im HAA im Original[57] erhalten ist. Darauf sind die Details wie die Formsteine um die Glockenöffnungen gut zu sehen sowie auch die Siedlungshäuser der Lienaustraße in der richtigen Lage.

An gestalterischen Elementen, die speziell auf Berhard Hopp zurückzuführen sind, lassen sich im Altarraum in der Ausschnittsvergrößerung solche Details ausmachen:

Ähnlich wie in der St. Nikolaus-Kirche sind an den Ecken des gemauerten Altars ‚Säulen' mit schräg gerippten Formsteinen zu erkennen – und auch die Paramente mit dem Christus-Monogramm am Altar und einem Bibelvers an der Kanzel (wie von der ‚Werkstätte für kirchliche Kunst im Rauhen Haus').[58]

---

[55] KG_Berne_2009.pdf S. 62 auf der Abbildung der Orgelempore erkennbar: „Nicht gebe ich euch wie die Welt gibt"(Joh 14,27).

[56] KG_Berne (1989) S. 4.

[57] HAA_ORh_008.3_(0223).

[58] „Ist Gott für uns, wer mag wider uns sein" (Röm 8,31). Nach dem Ausscheiden Hopps in Lizenz vertrieben über die Agentur des Rauhen Hauses am Jungfernstieg; siehe dazu [im Band I der „Zur Biographie von B. Hopp..." (2016) S. 77] bei Anm. 187.

Ähnlich sind wahrscheinlich auch die Leuchter, Kronleuchter sowie die kunstvolle Altardecke mit von A und Ω umgebenen Christus-Monogramm auf Entwürfe Hopps zurückzuführen.

Die Kirche hat nach dem Bau des Gemeindehauses 1963 durch H&J dann 1964 eine tiefgreifende Umgestaltung erfahren, die jedoch B. Hopp nicht mehr erlebte:

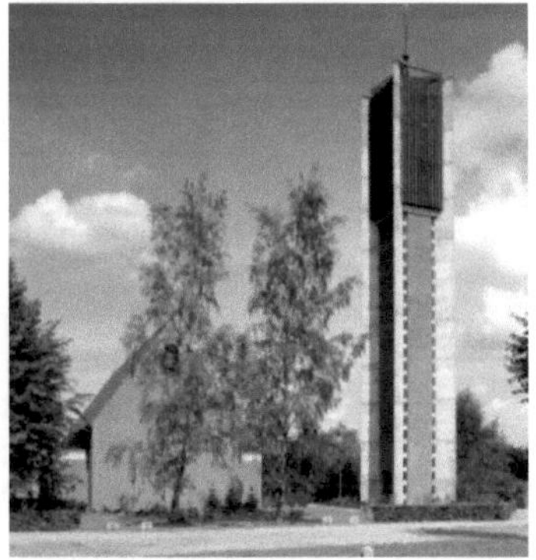

„Von der alten Kapelle blieben fast nur die Außenwände erhalten. Hierbei wurde in der Innengetaltung die Längsachse um 180° gedreht und der Raum um zwei Seitenschiffe erweitert. Gleichzeitig wurde der freistehende Glockenturm errichtet, der eine Höhe von 30,7 m hat. Der Kirchenraum, der bisher 140 Sitzplätze hatte, wurde um 64 Plätze erweitert. Für die künstlerische Ausgestaltung gewann man Klaus Jürgen Luckey, der den Altar mit Taufstein … und das Wandrelief mit dem auferstehenden Christus gestaltete."[59]

Während die Kapelle in Berne 1939 noch bis zur Einweihung am 19. März fertiggestellt werden konnte, ist für eine vom Bautyp ganz ähnliche Kapelle in Sundern bei Arnsberg zwar die Planung vor Beginn des Zweiten Weltkrieges abgeschlossen gewesen, der Bau durfte jedoch [wegen des Kriegsbeginns] nicht mehr realisiert werden.[60]

In dem vor allem von Holland her in dem letzten Jahrzehnt geförderten und dorthin weisenden einheimischen Backstein entstand der ausgezeichnete Bau der Johanneskirche in Hamm (Architekt Hopp, Hamburg) mit offener Vorhalle und Turm am Eingang, Emporen und Holztonne in dem breiten Innenraum. Wir werden demnächst ausführlicher auf diesen und auf den vom gleichen Architekten stammenden Kirchenbau in Sundern bei Arnsberg (1938/39; 15500 RM.) zurückkommen. In Westerbolt

In der Zeitschrift „Kunst und Kirche" im 3. Heft von 1939 S. 65 wird auf diesen bevorstehenden Neubau (für geplant 15.500 RM) hingewiesen. Für die Biografie von B. Hopp ist interessant, dass dieser und ein zweiter listenartiger Verweis jeweils nur den Namen von B. Hopp nennen.[61]

---

[59] KG_Berne (1989) S. 6.

[60] Nach dem Krieg ist durch das Notkirchen-Programm des Hilfswerks der Evangelischen Kirche in Deutschland (meist mit dem Namen von Prof. Bartning verbunden) eine neue Holzkirche errichtet worden, wie von Friedrich Ollesch in der Chronik KG_Sundern (2015) S. 5 unter dem Titel „Entwicklung der evangelischen Kirchengemeinde Sundern" beschrieben wird: „Für Grundstücksherrichtung, Fundamente und eine Glocke der Fa. Junker in Brilon konnte die Gemeinde in Eigenleistung und dank Landes- und Kirchenzuschüssen selbst sorgen, sodass Sundern als erste evangelische Kirchengemeinde in Westfalen diese von der amerikanischen Sektion des lutherischen Weltbundes gestiftete Holzkirche mit Nebenräumen von der Fa. Pfalzer aus Memmingen errichten lassen und am 2. Advent 1950 mit vielen Gästen einweihen konnte."

[61] In KuK 16,3 (1939) S. 65 und 92.

Nachdem zwar die Bauprüfung im Juni 1939 abgeschlossen und der Bauschein erteilt wurde, ist die Genehmigung nach Kriegsbeginn im Juni 1940 wieder rückgängig gemacht worden. Dafür liegen auch, durch den jetzigen Pastor M. Vogt freundlicherweise zugänglich gemacht, die in der Gemeinde noch erhaltenen Baupläne und zugehörige Unterlagen vor.

Wegen des Vergleichs mit der Kapelle in Berne sind auch die Entwürfe von Interesse – wie die links abgebildete Vorder- und Rückansicht. In die Zeichnung sind per Handzeichnung von B. Hopp die gewünschten Veränderungen der äußeren Stützpfeiler bei der Voransicht eingezeichnet, die im ursprünglichen Entwurfsvorschlag angeschrägt sind – wie in Berne.

Hier ist es für H&J nur B. Hopp, der den Entwurf gegengezeichnet und mit dem Vermerk „ungültig" versehen hat (wie auch den ganzen Satz Zeichnungen vom 30.8.1938). Doch ist die Neuzeichnung (auch mit geraden Stützen, einem hinzugekommenen Dachreiter und einer zweiten Glocke) im Architekturbüro H&J vorgenommen worden. Pfr. Dr. Niemeier hat diese neuen Zeichnungen dann am 17.12.1938 gegengezeichnet, so dass sie nach baupolizeilicher Prüfung auch am 2.6.1939 entsprechend gestempelt worden sind.

Für eine künstlerische Ausgestaltung des Innenraums sind von Hopp in der Bau-
zeichnung außer dem runden Glasfenster im Altarraum dort nur wenige weitere
Details eingezeichnet:

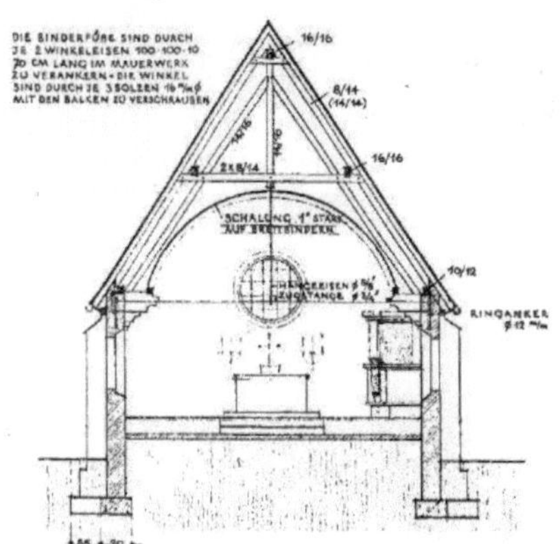

- der Altar wirkt gemauert,- darauf ein kleines Kreuz,- sowie zwei flankierende Leuchter. Es scheinen keine Balken-Inschriften vorgesehen zu sein, vielmehr ist je eine Zugstange unterhalb der Tonne und den Zangenbindern eingetragen. An der Kanzel ist außer dem Schalldeckel als Dekorationsdetail nur eine Parament-Andeutung auszu-machen.

Ob es weitere Absprachen mit P. Niemeier über zusätzliche künstlerische
Ausgestaltungen gegeben hat, ist weder aus den Unterlagen aus Sundern noch aus
den Notiz-Tagebüchern Hopps zu entnehmen. Die letzte Sundern betreffende
Eintragung vom 22.11.1938 sei aber trotzdem hier vollständig zitiert, weil sie über
Sundern hinaus die für Hopps Aktivitäten typische Art (u.a. der Namensschreibung
‚Niemeyer') der Notizen und der Aquise von Aufträgen zeigt:

„P. Niemeyer holt mich ab nach Arnsberg, mit P.N. z. Landrat, wo die Angelegenheit Sundern durch ist, nur Regierung fehlt. Zur Regierung, wo Oberbaurat Dahl die Sache persönl. bearbeitet. Zunächst erfahren wir, daß er sich negativ stellt. / selbst nicht getroffen. P. Niemeyer will sich weiter bemühen. Wo ist Zacher? Niemeyer bringt mich nach <u>Hüsten</u>, P. Kehrer. Der Kirchmeister Dosch wird hinzugebeten. Es kommt zum Auftrag: Vorprojekt (ca. 300 RM.) Platz besichtigt, Lageplan erhalten. Katasterplan soll nachgeschickt werde. 200 feste Plätze Sakristei WC, Turm Konfirm. R. + 2. Raum im Anschluß an Kirche. P. Kehrer bringt mich zu P. Wicke[? Wille ?] nach EVEKING bei Werdohl. Besichtigung des Platzes schon im Dunkel. <u>Auftrag: Projekt</u> (genügt nach Weihnacht) Es sind ferner gebeten: Langmaack, Roskotten, Bartning. Abds zurück"

Über einzelne der Pastoren-Kontakte werden von Hopp neue Projekte in Westfalen erschlossen, die jedoch z.T. nur als Vorprojekte realisiert werden. Im letzteren Fall sind auch die Mitbewerber ihm bekannt gemacht worden. Es scheint jedoch keiner der genannten Architekten noch vor dem Krieg den Auftrag erhalten zu haben. Ob und wie von H&J ein Vorprojekt nach Weihnachten in Angriff genommen wurde, ist nicht direkt erkennbar.

6.2 Friedenskirche (1939 HH Rahlstedt/Farmsen-Berne)

Im „Projektbericht 2" (2017) S. 78-79 war unter dieser späteren Bezeichnung Folgendes aufgeführt:

Friedenskirche (1939 HH Rahlstedt/Farmsen-Berne)

Bau einer Kapelle; Gemeindezentrum (1962); Kirchenumbau und Turm (1964)

Lienaustraße

Einw.   19.03.1939

Pastor: Jürgen Sommer (1939-1942); Ernst Rothacker (1946-1970)

Künstler: Klaus Jürgen Luckey (1964 A T W)[62]

HAA_ORh_008.3
_(0223)

---

[62] Siehe Details bei Gleßmer / Jäger / Hopp (2016) S. 213ff (bzw. oben im Abschnitt 6.1)

HAA_ORh_012.3_
(0353)

HAA_ORh_008.12_(0232)

HAA_ORh_012.65-2035_(0354)

HAA_ORh_008.24_(0242)Nach dem Totalumbau[63] durch H&J 1962ff: Ergänzung von Gemeindehaus und Turm

7 Anhang 2: Zu den Balken-Inschriften in frühen H&J-Kirchen

B. Hopp hat nach dem Tod des in Schriftfragen berühmten Prof. Koch seine eigene Unzialschrift in Anlehnung an dessen Vorbild ausgeprägt.[64] [Die in eckigen Klammern in der folgenden Auflistung angegebenen Seitenzahlen beziehen sich auf den Band 1 der Hopp-Biografie von 2016 bzw. auf eine anderweitig spezifizierte Quelle]:

1934-195: Fischerkirche Born / Darß

„Solches habe ich mit euch geredet, dass ihr in mir Frieden habt. In der Welt habt ihr Angst, aber seid getrost, ich habe die Welt überwunden." Joh 16,33 [Foto HAA_ORh_369]

„Es ist das Licht eine kleine Zeit bei euch. Wandelt dieweil ihr das Licht habt, dass euch die Finsternis nicht überfalle." Joh 12,35 [Foto HAA_ORh_370]

1935: St. Jürgen List / Sylt

„Von ihm und durch ihn und zu ihm sind alle Dinge" Röm 11,36 [S. 147]

1936: Marien-Kirche (Balje, Niedersachsen)

„Sei getreu bis in den Tod, so will ich dir die Krone des Lebens geben" (Offb 2,10) [S. 161]

„Ich will Frieden geben an diesem Ort, spricht der Herr Zebaoth" (Hag 2,9) [S. 161]

1937: Lutherkirche (Wellingsbüttel, ab 1937 Hamburg)

Die verschiedenen Überlieferungen zu den Balken-Inschriften sind bei Gleßmer / Engler (2016) S. 83ff zusammengestellt. Von B. Hopp waren für die zweimal sieben Zugbalken vor dem Richtfest die folgenden Sprüche vorgeschlagen worden. In Richtung Altarraum:

---

[63] Für das Innere der Kirche ist eine 180°-Veränderung der Orientierung von Altar und Empore/Vorraum vorgenommen worden.

[64] Vgl. Gleßmer & Jäger & Hopp (2016) S. 109.

„Denn es ist hier kein Unterschied / Sie sind allzumal Sünder / und mangeln des Ruhms / den sie bei Gott haben sollten / und werden ohne Verdienst gerecht / aus seiner Gnade durch die Erlösung, / so durch Christum Jesum geschehen ist." (Röm 3,23-24)

In Richtung Empore / Ausgang:

„Welche der Geist Gottes treibt / die sind Gottes Kinder / ihr habt nicht einen knechtischen Geist empfangen / daß ihr euch aber fürchten müßtet, / sondern ihr habt einen kindlichen Geist empfangen / durch welchen wir rufen ABBA / lieber Vater" (Röm 8,13-15)

Allerdings ist durch den vor Ort aktiven Pastor, C. Boeck, veranlasst worden, dass der erstere Text aus Röm 3 – manchmal als Grundlage der „reformatorischen Erkenntnis" bezeichnet – durch sieben andere Zeilen ersetzt wurde. Schließlich ist eine Kombination aus Matth 11,28 sowie zwei Passagen aus Joh 14,6 und 15,5 in die Balken geschlagen worden, so dass bis in die 1960er Jahre beim Hineingehen die Zeilen 1-3, 4-6 und 7 zu lesen waren :

(1) Kommt her zu mir alle,

(2) die ihr mühselig und beladen seid

(3) ich will euch erquicken.

(4) Ich bin der Weg,

(5) die Wahrheit und das Leben,

(6) niemand kommt zum Vater denn durch mich.

(7) Denn ohne mich könnt ihr nichts tun."

Durch einen 1962 vorgenommenen Umbau der Orgelempore für die neue Schuke-Orgel ist allerdings die Situation der biblischen Voten beträchtlich verändert. Denn der Balken mit der Inschrift (1) „Kommt her zu mir alle" bzw. auf der vom Altar her sichtbaren Rückseite "lieber Vater" ist damals ersatzlos entfernt worden. (B. Hopp hat diese Situation nicht mehr miterlebt). Inzwischen ist 2016 eine textliche Ersatzlösung versucht worden: In die seit 1962 installierte lichtdurchlässige Milchglas-Abtrennung zum Vorraum sind neue, beschriftete Glasfenster eingesetzt worden. Sie bieten in einer „künstlerischen Problemlösung" alle ehemaligen 2x7 Zeilen in einer fortlaufenden Schreibweise. Diese Darstellung fordert auf jeden Fall dazu heraus, in dem auch von der Rückseite durchscheinenden spiegelschriftlichen Buchstabengewirr von insgesamt 28 Zeilen den Text zu erkennen, der ähnlich[65] früher an den Balken zu sehen war.

1938: Johannes-Kirche (Hamm-Norden, Westfalen) - [S. 184[534]]

Am Emporen-Balken: „Sei getreu bis in den Tod, so will ich dir die Krone des Lebens geben" (Off 2,10);

vom Vorraum am Emporen-Balken: „Kommet her zu mir alle, die ihr mühselig und beladen seid, ich will euch erquicken" (Mt 11,28);

---

[65] Warum in der Passage „Welche der Geist Gottes treibt / die sind Gottes Kinder" das Hauptverb „treibt" in die Form „treibe" verändert ist, erschließt sich einem kritischen Betrachter allerdings nicht.

Seitenbalken vom Altarraum aus – rechts: „Christus ist hier, der gestorben ist, ja vielmehr, der auch auferweckt ist" (Röm 8,34);

links: „Gewiß ist der Herr an diesem Ort ... Wie heilig ist diese Stätte! Hier ist nichts anderes denn Gottes Haus" (1. Mos 28,17f).

1938: Maria-Magdalenen (Klein Borstel, Hamburg) – [S. 196[576]]

Orgel-Emporenbalken zum Kirchenschiff: „Wie dünkt euch um Christus [?]" (Matth 22,42);

zum Vorraum: „Seid stille und erkennet, dass ich Gott bin" (Ps 46,11);

über der Ausgangstür: „Er ist unser Friede" (Eph 2,14 bzw. Micha 5,4)."

1938: St. Nikolaus (Alsterdorf, Hamburg)

Am Emporen-Balken: „Selig sind, die Gottes Wort hören und bewahren" (Luk 11,28) [S. 201[587]]

1938: St. Lukas (Fuhlsbüttel, Hamburg)

Emporen-Balken unter der Empore: „Wendet euch zu mir, so werdet ihr selig, aller Welt Enden. Denn ich bin Gott" (Jes 45,22) [Fotos WP_20150417_012 und *_013]

Emporen-Balken im Vorraum: „Der Herr ist in seinem heiligen Tempel, es sei vor ihm stille alle Welt." (Hab 2,20) [Fotos WP_20150417_006 und *_007]

„Solches habe ich mit euch geredet, daß ihr in mir Frieden habt. In der Welt habt ihr Angst, aber seid getrost, ich habe die Welt überwunden." (Joh 16,33) [StLukas_Balkeninschrift_links]

„Es ist das Licht eine kleine Zeit bei euch. Wandelt dieweil ihr das Licht habt, daß euch die Finsternis nicht überfalle." (Joh 12,35) [Foto StLukas_Balkeninschrift_rechts]

1939: Kapelle (Berne, Hamburg)

In Richtung zum Altar: „Ich lebe und ihr sollt auch leben" (Joh 14,19),

„Er ist unser Friede" (Eph 2,14 – Micha 5,4);

„Der Herr ist mein Hirte" (Ps 23,1);

in Richtung zum Ausgang: „Wandelt wie die Kinder des Lichtes" (Eph 5,9);

„Schaffet, dass ihr selig werdet" (Phil 2,12);

„Lasset uns aufsehen auf Jesum" (Heb 12,2)

8   Anhang 3: weitere Details zur Friedenskirche

8.1   Korrekturen zu o.g. früheren H&J-Veröffentlichungen

In den Heften, die als „Beitrag zum Hopp-und-Jäger-Projekt" (siehe Anhang 1) als „Work in Progress" gedruckt wurden, finden sich einige korrekturbedürftige Angaben.

Im Band I „Zur Biografie des Kirchenbaumeisters Bernhard Hopp ..." von 2016 ist ein längerer Abschnitt S. 213-215 enthalten, bei dem Korrekturbedarf besteht.[66] Dort wird S.215 angegeben:

---

[66] Gleßmer & Jäger & Hopp (2016) – „Zur Biografie des Kirchenbaumeisters Bernhard Hopp (1893-1962): Ein Leben als Hamburger Künstler und Architekt Teil 1: Die Zeit bis zum Zweiten Weltkrieg.- [Beitrag zum Hopp-und-Jäger-Projekt Nr. 5]".

„Selbst später ist auf der umgebauten neuen Empore die Inschrift am Orgelprospekt in der Schrifttype u.a. mit dem markanten „G" von Bernhard Hopp erkennbar.[629]"

Die Anmerkung 629 verweist auf ein Foto in der Festschrift zum 70. Kirchweihjubiläum 2009:

„KG_Berne_2009.pdf S. 62 auf der Abbildung der Orgelempore erkennbar: „Nicht gebe ich euch wie die Welt gibt" (Joh 14,27)."

Dort ist nach der erneuten Autopsie am 30.11.2024 zwar auch zweimal eine besondere Form der Majuskel „G" zu sehen. Doch ist es nicht die markante Form von Bernhard Hopp mit dem angeschrägten Abstrich auf der rechten Seite des Buchstabens, wie sie in zahlreichen Balkeninschriften zu sehen ist.

Auch aus chronologischen Gründen wäre hier an der neuen Weigle-Orgel von 1965 kein direktes Werk von B. Hopp (gest. 18.9.1962) zu erwarten. Zu den Buchstabenformen der typischen Unzial-Schrift siehe im Anhang 2 „Zu den Balken-Inschriften in frühen H&J-KIrchen".

Im „Projektbericht 2" von 2017[67] finden sich die zwei unter Abschnitt 6.2 wiedergegebenen Seiten (S.78-79) zur Kapelle in Berne bzw. zur Friedenskirche. Hier sind die aus anderen Quellen übernommenen Angaben zu den „Kopfdaten" S. 78 nicht richtig. Sie müssten korrigiert werden in:

Bau einer Kapelle (1939); Gemeindezentrum (1962-63); Kirchenumbau und Turm (1964)
Lienaustraße 6
Einw. 19.03.1939
Pastor: Jürgen Sommer (1939-1942); <u>Ernst</u> Rothacker (1951-1971)
Künstler: Klaus Jürgen Luckey (1964 A T W)

8.2 Fotos von Details

Einige Fotos sind beim Rundgang von mehreren Personen zu besonderen Details gemacht worden, die als Momentaufnahmen Denkwürdiges und Interessantes festhalten.

8.2.1 Empore und Orgel

Am Aufgang zur Empore sind an der Wand zwei gerahmte Zeichnungen der beiden Orgeln mit Datierungsangaben zu sehen, die nacheinander in der Kirche eingebaut wurden. Zuerst eine Kemper-Orgel (1953), wie in den meisten frühen H&J-Kirchen; später nach dem Umbau eine Weigle-Orgel (1965).

---

[67] Projektbericht Nr. 2: Fotosammlung zu den Kirchbauten der Hamburger Architekten Hopp und Jäger (Stand April 2017).- [Beitrag zum Hopp-und-Jäger-Projekt Nr. 6].

Abb. 46: IMG_20241130_165052 Ausschnitt Kemper-Orgel Zeichnung 1953

Abb. 47: IMG_20241130_165153 Ausschnitt WEIGLE-Orgel 1965

Zu Beginn wurde in der Kapelle ein Harmonium als den Gemeindegesang unterstützendes Instrument verwendet. Dazu findet sich im Kirchenkreis-Achiv Hamburg-Ost eine Rechnung vom 22.3.1939.[68]

Kurios ist eine Verschreibung in der Inschrift rechts vom Orgel-Spieltisch, die man nicht auf den ersten Blick wahrnimmt:

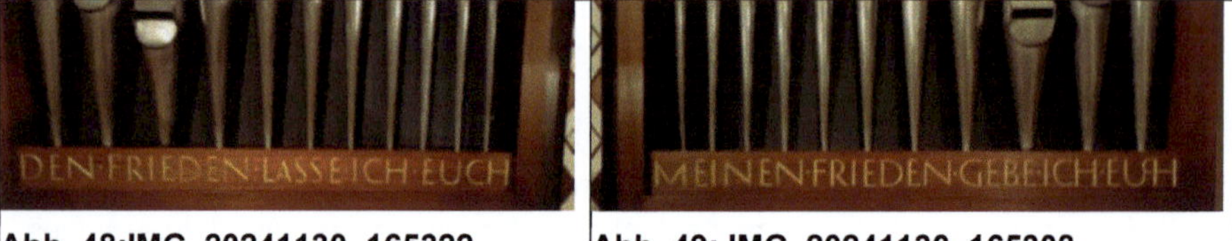

Abb. 48:IMG_20241130_165322

Abb. 49: IMG_20241130_165308

8.2.2 Glocken

Ein etwas früheres Datum als das Harmonium zeigt die Rechnung der Fa. Schilling, Apolda, vom 15.2.1939. Darin sind zwei Glocken à 180 und 104 kg berechnet.[69]

---

[68] Kirchenkreisarchiv_Stormarn_Nr_3956_Berne.pdf S.17.

[69] Kirchenkreisarchiv_Stormarn_Nr_3956_Berne.pdf S.14.

9 Anhang 4: Biographisches zu Einzelpersonen

Die folgenden Auszüge entstammen dem o.g. Forschungsprojekt, das von Helge-Fabien Hertz[70] im Rahmen einer umfangreichen Dissertation zur NS-Zeit durchgeführt und auch online veröffentlicht wurde.[71] Speziell geht es um Anzeichen für eine NS-Affinität der Schleswig-Holsteinischen Pastoren. Die zu den einzelnen Namen herunterladbaren Informationen sind als „output" der Datenbank mit den entsprechenden Feldbezeichnungen versehen, die unten in der Wiedergabe der Inhalte aus Platz- und Formatierungsgründen weitgehend ausgelassen sind.

9.1 Herntrich, F (1903-1951)

Friedrich Gottfried Herntrich (*) 11. Januar 1903 – (†) 21. November 1951

Geburtsort Flensburg; Ordination: 15. Mai 1927 / Schleswig

Gestorben: 21. November 1951 / Rahlstedt

Hilfsgeistlicher in Süderbrarup/Loit (ab 18. Mai 1927);

Pastor in Mildstedt (ab 21. Oktober 1928)

Pastor in Altrahlstedt (21. Oktober 1934 – 21. November 1951)

Kirchenpolitische Mitgliedschaften: Bekennende Kirche; Prüfer im Rahmen der theol. BK-Examina

Politik: NS-Mitgliedschaften: SS – Schutzstaffel (bis 1934)

Rechtskonservative Mitgliedschaften: Studentenverbindungen/ Burschenschaften/ Fachschaften: Wingolf

Pfarramt: Druckerzeugnisse "Erklärung: Um Aufgabe und Stellung der Kirche in der Gegenwart" von 31 Pastoren, erschienen am 20. Juni 1933 in der Schleswig-Holsteinischen Landeszeitung

"Die Kirche hat in freudiger Willigkeit unserem Volk zu dienen, mit dessen Geschick sie in anderthalbtausendjähriger Geschichte verwachsen ist. Das gilt ganz gewiß auch für unsere Zeit, welche Volk und Staat in einer Neugestaltung findet. [...] Es ist jedem Christen nicht nur erlaubt, sondern geboten, das Beste seiner Kirche zu suchen, ganz besonders in Zeiten, in denen die Gestalt der Kirche einem Umbau unterzogen wird. Jedoch muß im Kampf um die als richtig erkannten Ziele bedacht werden, daß diesen Kampf nur der recht führen kann, der in der Kirche nur die Sache der Kirche sucht. [...] Gesegneten Dienst kann die Kirche nur dann leisten, wenn sie treu und unbeirrbar das Wort Gottes nach dem Bekenntnis der Kirche predigt und weder das Wort vom Gericht noch das Wort von der Gnade verkürzt."

Selbstauskünfte: Schreiben vom 05. März 1934

Schilderung eines "gegenwärtige[n] Konflikt[s] mit der Kreisleitung in Husum" wegen Vorträgen während der Evangelisationswoche. Die NSDAP-Kreisleitung war dahingehend falsch informiert worden, dass diese in Schulen und Gastwirtschaften gehalten werden sollten, nicht in Kirchen, und habe diese daher verboten. Herntrich erblickte darin einen "unerlaubten Eingriff in kirchliche Arbeit" und wandte sich ans Reichsinnenministerium "und zwar nur als Beleg und Hinweis, ohne jedes Werturteil." Die Evangelisationswoche

---

[70] Siehe oben unter 3.4.

[71] Siehe oben bei Anm. 29.

durfte abgehalten werden, vom Reichsinnenministerium "ist dann auf dem Wege über die geheime Staatspolizei die Sache zurückgegeben worden"

Weiterführende Quellen und Literatur: Landeskirchliches Archiv der Nordkirche (LKANK), 16.20.0 Personalakten (Nordelbien) Nr. 471; LKANK, 11.11.0 Mobilisierte Geistliche und deren Entnazifizierung (Schleswig-Holstein) Nr. 284

https://pastorenverzeichnis.de/person/friedrich-gottfried-herntrich/

9.2   Herntrich, V. (1908-1958)

Volkmar Martinus Herntrich (*) 08. Dezember 1908 – (†) 14. September 1958

Geburtsort: Flensburg

Ordination: 05. Mai 1932 / Kiel

Gestorben: 14. September 1958 /   Nauen

Hilfsgeistlicher in Kiel Ab 1932

Pastor in Ellerbek/Wellingdorf Ab 09. April 1933

Universitäres Dienstverhältnis in Kiel / Privatdozent für Altes Testament. Entlassen aufgrund des Gesetzes zur Wiederherstellung des Berufsbeamtentums

Pastor in Bethel Ab 01. November 1934 /   Theol. Hochschule Universitäres Dienstverhältnis in Bethel   Ab 01. November 1934 / Dozent (Theol. Hochschule) / Direktor des Burckhardthauses in Berlin Ab 1939

Pastor in Hamburg, St. Katharinen/Hamburg Ab 1942

Direktor der Alsterdorfer Anstalten in Hamburg Ab 1946

Oberkirchenrat Ab 1948 / Rektor der Kirchlichen Hochschule in Hamburg Ab 1949 / Universitäres Dienstverhältnis in Hamburg Ab 1950   /   Rektor   und Professor für alttestamentliche Exegese

Landesbischof in Hamburg 1956 – 14. September 1958

Kirchenpolitische Mitgliedschaften: Bekennende Kirche Mitglied im "Führerrat" der BK-Vorläufer in "Not- und Arbeitsgemeinschaft schleswig-holsteinischer Pastoren / Mitglied des Landesbruderrates Pfarramt

Druckerzeugnisse BK-Rundschreiben vom 08. November 1933 an die "Herren Amtsbrüder"

"Man wirft uns immer wieder vor, daß unser Zusammenschluß letzten Endes doch nur ein Ausfluß politischer Reaktion sei. Wir möchten demgegenüber mit Nachdruck betonen: Sollte irgendjemand sich unserer Gemeinschaft angeschlossen haben in der Hoffnung, hier eine Zuflucht oder eine Betätigungsstätte politischer Reaktion gegen die Staatsführung zu finden, so befindet er sich in einem gründlichen Irrtum. In unserem Bund hat nur der einen Platz, der mit beiden Füßen auf dem Boden des nationalsozialistischen Staates steht. "

Schrift "Der echte Weg der Kirche", verfasst vom Arbeitskreis der "Gemeindebewegung Lutherische Kirche in Schleswig-Holstein", u.a. Herntrich

"Wir stehen heute in einem starken Staat, aber in einer zerrissenen und ohnmächtigen Kirche. Worin hat das seinen Grund? Nicht nur in dem 'unglückseligen' Kirchenstreit, sondern in erster Linie darin, daß eine politische Bewegung sehr viel rascher und in größerer Zahl Menschen an sich ziehen kann, dagegen das Evangelium nur in langsamem Fortschreiten Menschen zu überwinden vermag. Und auch das wissen wir, daß die politische Gestaltung ihren Gang stets nach eigenem Gesetz geht und sich als Ganzes dem Evangelium von Christus nicht unterwerfen kann. Diese Erkenntnisse rufen uns aber aus aller Schwärmerei zur Nüchternheit zurück, zu einer Nüchternheit zwar nicht im Sinne müden Unglaubens und kleinlichen Sichbescheidens, aber im Sinne biblischer und christlicher Wirklichkeitsschau."

NS-(staatliche) Sanktionen: Absetzung als Dozent der CAU [= Christian-Albrecht-Universität] zu Kiel 1934 / Ausreise- und Redeverbot für Schleswig-Holstein, kurzzeitig Gefängnis, Entziehung des Schriftleiterausweises 1936

Weiterführende Quellen und Literatur: Landeskirchliches Archiv der Nordkirche (LKANK), 12.10.3.0 Personalakten der Pastoren (Hamburg) Nr. 312 / I-VLKANK, Nachlass Herntrich, Volkmar (Landesbischof) Hamburger Staatsarchiv, 221-11, Ed. 493

Literatur: Reumann, Klauspeter: Der Kirchenkampf in Schleswig-Holstein 1933-1945. In: Verein für Schleswig-Holsteinische Kirchengeschichte (Hrsg.): Kirche zwischen Selbstbehauptung und Fremdbestimmung. Bd. 6/1. Neumünster 1998, S. 111-443 / Seite „Volkmar Herntrich". In: Wikipedia – Die freie Enzyklopädie. Bearbeitungsstand: 5. September 2021, 00:36 UTC. https://de.wikipedia.org/w/index.php?title=Volkmar_Herntrich&oldid=215331020

Weiterführende Links:

http://hamburgerpersoenlichkeiten.de/hamburgerpersoenlichkeiten/login/person.asp ?reqid=1482

https://www.beratungszentrum-alsterdorf.de/fileadmin/abz/data/Vortrag_Engelbracht_3.5.2016.pdf

9.3 Hoeck, C. (1881 –1967)

Christian Hoeck (*) 10. Juli 1881 – (†) 01. November 1967

Geburtsort: Augustenburg

Ordination: 15. November 1908 / Schleswig

Emeritierung: 01. Oktober 1949

Gestorben: 01. November 1967 / Hamburg

Provinzialvikar in Nustrup

Pastor in Bjolderup Ab 21. März 1909

Pastor in Loit Ab 15. Oktober 1916

Pastor in Berkenthin Ab 02. Oktober 1921

Pastor in Altrahlstedt (13. November 1929 – 01. Oktober 1949)

Kirchenpolitische Mitgliedschaften: Bekennende Kirche; Propsteivertrauensmann für Wandsbek

Rechtskonservative Mitgliedschaften: VFV – Vaterländischer Frauenverein / Schrift- und Kassenführer

Weiterführende Quellen und Literatur: Landeskirchliches Archiv der Nordkirche (LKANK), 16.20.0 Personalakten (Nordelbien) Nr. 492-493 / LKANK, 11.11.0 Mobilisierte Geistliche und deren Entnazifizierung (Schleswig-Holstein) Nr. 297

9.4 **Holzgreen, H. (1894-1966)**

[[aus: Müller-Ebeling (1994) S. 54]]

„Am 1. Februar 1927 zogen das Lehrerehepaar Hermann und Frieda Holzgreen mit dem zweijährigen Sohn Olaf und der Großmutter in den Haustyp 13 L in den Saselheider Weg ein. Als Schulleiter der später entstehenden Berner Schule sollte Hermann Holzgreen den Bernern gut bekannt werden. Wie viele fortschrittliche Pädagogen seiner Zeit stand auch er in Kontakt mit den Versuchsschulen, z. B. der in der Telemannstraße. Dort hatte er Lehrer wie H. Wiencken, W. Barfaut kennengelernt und von ihnen erfahren, daß in Berne eine Siedlung mit großem Gartenland entsteht. Dorthin würden auch sie ziehen, damit die Kinder in gesunder Umgebung aufwachsen könnten. Allen schwebte vor, in guter Nachbarschaft Ideale von einem besseren Zusammenleben verwirklichen zu können. So hatte er sich angemeldet und relativ schnell eine Haushälfte zugewiesen bekommen“

9.5 **Paetel, O. (1894–1945)**

9.5.1 Böe (1978) S. 87:

im Abschnitt „Namen der Lehrer an der Schule Farmsen von 1900-1945“ nennt „Otto Paetel, 1928 Lehrer, Fachlehrer für Werkunterricht von Juni 1933-1938 Rektor, dann Schulrat, danach Bürgermeister von Bergedorf, Mai 1945 gestorben.“

9.5.2 Rademacher (1995) S. 114:

„Mit Beginn des NSDAP-Regimes begann Herr Otto Paetel mit der Wahrnehmung der Arbeit eines Gemeindevorsitzenden.“

9.5.3 Uwe Schmidt (2010) S. 424:

Paetel, Otto Heinrich Karl (1894–1945): Lehrer, Schulleiter, Schulrat [154]

9.5.4 De Lorent (2016) Bd I S. 34

Im Buch von Hans-Peter de Lorent: „Täterprofile – Die Verantwortlichen im Hamburger Bildungswesen unterm Hakenkreuz“ erscheint er in einer Liste der Schulverwaltung des Jahres 1938/39 als einer der kommissarischen Schulräte und zwar für das Volksschulwesen zuständig. (Jedoch ohne weitere Details, die „Täterschaft“ im engeren Sinn dokumentierten. Siehe jedoch auch die folgenden Zeiungsausschnitte).

9.5.5 Zeitungsausschnitte

HambTageb - Sonntag den 4 Juni 1933 S 18 Paetel Schul- u Steuerausschuss Ausschnitt.jpg

HambTageb - Montag den 19 Juni 1933 S 10 Paetel Blockwart Ohr und Sprachrohr des OrtsgrLeiters Ausschnitt.jpg

BergedZeit - Freitag den 23 Februar 1934 S 03 Paetel Redner in Bergedorf.jpg

BergedZeit - Montag den 15 Januar 1934 S 03 Paetel Gastredner in Neuengamme Curslack.jpg

Hamb Fremd - Sonntag den 24 Februar 1935 S 06 Paetel 200 J Farmsener Schule.jpg

Hamb Fremd - Montag den 6 Juli 1936 S 06 Paetel Feuerwehr Heimatwoche Ausschnitt.jpg

HambTageb - Sonntag den 3 April 1938 S 07 Paetel HJ-Heim Ausschnitt.jpg

HambTageb - Mittwoch den 20 April 1938 S 05 Paetel Vogelschutz.jpg

Hamb Fremd - Montag den 7 November 1938 S 06 Paetel Schulrat Einweihung Marmsdorf Ausschnitt.jpg

BergedZeit - Montag den 14 November 1938 S 04 Paetel Schulrat Ausschnitt.jpg

BergedZeit - Montag den 19 September 1938 S 04 Paetel Schulrat Ehrengast Sportfest Geesthacht Ausschnitt.jpg

HambTageb - - Montag, den 15 Juli 1940 S 05 Paetel Leiter Hauptdienststelle Berged

StAHH 311-2 IV_7679 Verkauf des Grundstücks Nr. 266 C an der Adolf-Hitler-Straße, später: Berner Heerweg (Grundbuch [Berne], Blatt 1173) an Otto Heinrich Carl Paetel

StAHH 131-15_C 917 : Otto Heinrich Karl Paetel, geb. 04.12.1894, gest. 08.05.1945 - Verwaltung für Handel, Schiffahrt und Gewerbe, Abt. für Preisbildung und Preisüberwachung / Obersenatsrat; Dienstzeit: 1928-1945

StAHH 311-2 IV_14615 Anlegung einer Straße auf den Flurstücken 266 A, 1437 und 1438 an der Adolf-Hitler-Straße (später: Berner Heerweg)

9.6   Rothacker, E. (1903-1986)

Ernst Rothacker (04. August 1903 – 04. Dezember.1986)

Geburtsort: Nürnberg

Ordination: 11. November 1934 / Neumünster

Emeritierung: 01. Mai 1971

Gestorben: 04. Dezember 1986

Provinzialvikar in Todesfelde ab 1934

Pastor in Todesfelde ab 07. Juli 1935

Pastor in Neukirchen/Oldenburg ab 11. Juni 1939

Pastor in Hamburg-Berne 16. Dezember 1951 – 01. Mai 1971

Kirchenpolitische Mitgliedschaften: Neutral / Nicht bekannt

NS-Mitgliedschaften: NSDAP – Nationalsozialistische Deutsche Arbeiterpartei. Zwei erfolglose Aufnahmeanträge, u.a. 1939 / SA – Sturmabteilung Ggf. SA-Mitgliedschaft / VDA – Verein für das Deutschtum im Ausland / Volksbund für das Deutschtum im Ausland Gruppenleiter / RLB – Reichsluftschutzbund Gruppenleiter / NSDAP Ggf. "Politische[r] Amtswalter" / Rechtskonservative Mitgliedschaften: GAV – Gustav-Adolf-Verein Vertrauensmann der GAV-Stiftung

Pfarramt: Predigt über Johannes 4, 47-52, gehalten 1934

Die Anrufung Gottes sei "in unserer Zeit recht in Verruf geraten. Das sei unmännlich sagt man; das hätten wir nicht nötig, das passe nicht zu einem selbstbewussten und wertvollen Menschen und sei darum nicht gemäss unserer Art. Es ist selbstverständlich und wirklich notwendig, dass heute wir Deutschen, endlich wieder einmal freie Luft atmend, uns auf unsere Art und Wesen besinnen und dieses vom Schöpfer uns anvertraute Gut freimachen vom Schutt und Schmutz der Überfremdung. Aber wir müssen uns doch sehr hüten vor falscher, gefährlicher Überschätzung und Überbewertung des Eigenen. Wir wissen nicht wer der Königsche [~ Mann in des Königs Dienst] unserer Erzählung gewesen ist; ein Heide jedenfalls, kein Jude. Seine Wiege kann in Griechenland gestanden haben, ebenso gut auch in Italien oder in den Urwäldern Germaniens. Doch wie dem auch sei, es ist in jedem Falle ein verhängnisvoller Irrtum vieler Volksgenossen zu glauben, wir hätten es nicht nötig Gott zu bitten. Wahrhaftig, wenn die Not die uns umgeben hat und noch umgibt, uns nicht hinbringt zu Gott, [...] zu Jesus, [...] dass er uns und unserem ganzen Volke helfe, dann kommen wir nie zu der inneren Gesundung die die wesentlichste Voraussetzung jedes äusseren Gesundwerdens ist. Christentum und Nationalsozialismus sind keine Gegensätze! Es ist nicht so, dass wir Christen seien und dann hin und wieder auch einmal Nationalsozialisten! Nein, weil wir Christen sind, darum sind wir Nationalsozialisten. Wir wollen wie nur irgendwer mit ganzer Kraft beitragen zum Neubau unseres Vaterlandes, doch wir wissen: Über allem Neubau steht das Wort: Wo der Herr nicht das Haus bauet, da arbeiten umsonst die daran bauen! Ja, das gilt: Alles, Gut und Leben unserem Volke; das Beste aber, das Deutsche Volk selbst soll Gottes sein! Wie das geschehen kann? Es beginnt wie alles bei jedem einzelnen. [...] Es gibt wohl kaum einen Zustand menschlichen Lebens, den wir und besonders wir Deutschen in allen seinen Möglichkeiten so erlebt haben und ausgekostet haben, wie die Not. Krieg, Inflation, Arbeitslosigkeit, Hunger, Kälte, es gibt kein Verhängnis das uns nicht in seinen Krallen hatte. Wir Deutsche haben wirklich alle Ursache froh und dankbar zu sein für das Geschenk eines begnadeten und kraftvollen Führers. Niemals aber lasst uns dabei vergessen: Der tiefe Sinn unseres heutigen Ringens kann nicht nur die Behebung dieser Nöte sein, sondern muss Kampf sein gegen unsere eigentliche Not, gegen die Richtungslosigkeit, gegen die Heimatlosigkeit unserer Seele. Muss darum sein in letzter Entscheidung die Zuwendung [...] zu Gott hin. Es ist ein gutes Zeichen, das heute in breiten Schichten unseres Volkes religiöses Bewusstsein zum neuen Leben ersteht. [...] Wir Deutschen haben es wieder gelernt, einen Mann auf unbedingtes Vertrauen hin unser Geschick in die Hand zu legen. Und gerade dieser Mann, unser Führer und Kanzler, hat in seinen Reden der letzten Monate immer wieder betont, dass ihm alles, aber auch alles, aus einem unerschütterlichen Gottvertrauen geschenkt werde. Ja dies Wort gilt auch heute noch: Alle Dinge sind möglich dem, der da glaubt!"

https://pastorenverzeichnis.de/person/ernst-rothacker/

9.7 Sommer, J. (1909-1943)

Jürgen Johannes Andreas Sommer

19. September 1909 – (†) 14. September 1943

Geburtsort: Glückstadt

Ordination: 26. Oktober 1935 Harburg

Gestorben: 14. September 1943

Hilfsgeistlicher

Provinzialvikar in Alt-Rahlstedt ab 15. Juni 1936

Hilfsgeistlicher in Alt-Rahlstedt ab 01. Januar 1937

Pastor in Alt-Rahlstedt 13. November 1938 – 14. September 1943

Kirchenpolitische Mitgliedschaften: Bekennende Kirche

Weiterführende Quellen und Literatur: Landeskirchliches Archiv der Nordkirche, 11.11.0 Mobilisierte Geistliche und deren Entnazifizierung (Schleswig-Holstein) Nr. 720

https://pastorenverzeichnis.de/person/jurgen-johannes-andreas-sommer/(*)

9.8   Surkau, H.-W. (1910-1993)

Hans Werner Surkau (1910-1993), der seit 1964 als Professor für Praktische Theologie mit dem Schwerpunkt Religionspädagogik an der Universität Marburg gelehrt hat.

https://www.uni-marburg.de/de/fb05/fachgebiete/fachgebiete/praktische-theologie/forschung/hans-werner-surkau-stiftung

Hans-Werner Surkau: „Martyrien in jüdischer und frühchristlicher Zeit" Göttingen, Vandenhoeck & Ruprecht 1938

10 Anhang 5: Herntrich „Neuheidentum und Christusglaube" (1935)

Seitenzahlen zum in lateinische Buchstaben aus der Frakturschrift konvertierten Text, der unter verfügbar ist:

www.huj-projekt.de/downloads/Herntrich_(1935)_Neuheidentum_PERO_ocr_A5.pdf

11 Abkürzungen, Archivalien und Indices zu Personen, Orten und Themen

11.1 Abkürzungen

BdM	Bund deutscher Mädel	KG	Kirchengemeinde
BK	doppeldeutig: a) Bibel-Kreise für Schüler höherer Schulen; b) Bekennende Kirche	KKA	Kirchenkreis-Archiv
		KuK	Kunst und Kirche
		LKA	Landeskirchenamt
		M.M.	Kirche Maria-Magdalenen
DC	Glaubensbewegung deutscher Christen	NSDAP	Nationalsozialistische Deutsche Arbeiterpartei
FS	Festschrift	NS	Nationalsozialismus bzw. nationalsozialistisch
HAA	Hambugisches Architekturarchiv	Pg	Parteigenose
HambKZ	Hamburger Kirchenzeitung	SB	Sammelband
		SH	Schleswig-Holstein
HH	Hansestadt Hamburg	StAHH	Staatsarchiv Hamburg
HJ	Hitler-Jugend	URL	Uniform Resource Locator [für Internetadressen]
H&J	Hopp & Jäger		
JAV	Jahrbuch des Alstervereins	ZHG	Zeitschrift des Vereins für Hamburgische Geschichte
JGB	Jäger, Gries, Brunzema		

11.2 Archivalien:

[Festschriften von Kirchengemeinden sind unter KG_... im Literaturverzeichnis mit Jahreszahl aufgeführt]

HAA

KKA Stormarn

- Nr. 736_Dührkop.pdf S. 3 „… Gott allein die Ehre. Treudeutsch allewege!"

StAHH

- A 341/Fb 0001 Kapsel 01

https://geoportal-hamburg.de/?mdid=7A32A730-8B7A-4BB1-9D7F-D0BB37805696# (1:5000) DK5; Kachel 159; 1933

11.3 Kurztitel und Literatur

➤ bedeutet: Hinweis aus; ☞ bedeutet: liegt als Text vor

Berner Schule (1980) :: 50 Jahre Schule Berne. Eine Chronik 1930-1980.- Hamburg 1980

Böe (1978) :: Böe, Heinz: Farmsen und Berne – einst und jetzt.- 1978 ☞

Dibbert & Baalk (1936) :: Dibbert, Emil & Baalk, Athur M.: Geschichte der hamburgischen Landgemeinde Farmsen-Berne" (im Auftrag der Farmsen-Berner Heimatvereinigung von der Farmsen-Berner Heimatwoche 1936 herausgegeben).- Hamburg 1936 [StAHH A 341/Fb 0001 Kapsel 01]

Endlich / Geyler-von Bernus / Rossié (2008) :: Endlich, Stefani / Geyler-von Bernus, Monica / Rossié, Beate (Hrg.): Christenkreuz und Hakenkreuz. Kirchenbau und sakrale Kunst im Nationalsozialismus. Katalogbuch zur Ausstellung.- Metropol Verlag, Berlin 2008

Engelke (1930) :: Engelke, Fritz: Jesu Art und unsere Art.- Agentur des Rauehen Hauses, Hamburg 1930 [online]

Engelke (1933) :: Engelke, Fritz: Christentum deutsch.- Agentur des Rauehen Hauses, Hamburg 1933 [online]

Gailus (2020) SB :: Gailus, Manfred: Nationalsozialismus und Religion: Überlegungen zu einer Gesamtschau.- in: SB Blaschke, Olaf / Großbölting, Thomas (Hg.): Was glaubten die Deutschen zwischen 1933 und 1945? Religion und Politik im Nationalsozialismus. [Religion und Moderne, Bd. 18], Campus Verlag Frankfurt/New York 2020, S. 443-467

Godzik (2018) SB :: Godzik, Peter: Editorische Vorbemerkung.- in: Kohlwage, Karl Ludwig / Kamper, Manfred / Pörksen, Jens-Hinrich (Hg.): ‚Ihr werdet meine Zeugen sein!' Stimmen zur Bewahrung einer bekenntnis-gebundenen Kirche in bedrängter Zeit. Die Breklumer Hefte der ev.-luth. Bekenntnisgemeinschaft in Schleswig-Holstein in den Jahren 1935 bis 1941.[Quellen zur Geschichte des Kirchenkampfes in Schleswig-Holstein] zusammen-gestellt und bearbeitet von Peter Godzik, Matthiesen Verlag Husum, 2018, S. 13-16

Godzik (2023) :: Godzik, Peter (Hg.): Die Bekennende Kirche in Schleswig-Holstein im Spannungsfeld zwischen nationalsozialistischer Einbindung und evangelischer Freiheit. Beiträge, Diskurse, Positionen.- Druck und Buchbindung: Jürgen Jacobsen, Ratzeburg 2023

Hamburgisches Lehrerverzeichnis (1932ff) :: Hamburgisches Lehrerverzeichnis 1932-33; 1935-36; 1938-39 [online]

Herntrich (1935) :: Herntrich, Volkmar: Neuheidentum und Christenglaube.- Verlag C. Bertelsmann Gütersloh 1935 [www.huj-projekt.de/downloads/Herntrich_(1935)_Neuheidentum_PERO_ocr_A5.pdf]

Hertz (2022) :: Hertz, Helge-Fabien: Evangelische Kirchen im Nationalsozialismus. Kollektivbiografische Untersuchung der schleswig-holsteinischen Pastorenschaft [Band 1: Thesen, Grundlagen und Pastoren Band 2: NS-Konformität Band 3: NS-Nonkonformität].- De Gruyter Oldenbourg, 2022 [https://doi.org/10.1515/9783110760835]

Hertz (2022) :: Hertz, Helge-Fabien: (Hrsg.): Pastorenverzeichnis Schleswig-Holstein (2022). Jürgen Johannes Andreas Sommer. (URL: https://pastorenverzeichnis.de/person/jurgen-johannes-andreas-sommer/ [abgerufen am 11.11.2024])

Lorent (2016) :: de Lorent, Hans-Peter: Täterprofile – Die Verantwortlichen im Hamburger Bildungswesen unterm Hakenkreuz.- Hamburg UP, Hamburg 2016 [online]

Müller-Ebeling (1994) :: Müller-Ebeling, Claudia: Berne damals. Geschichte und Geschichten einer Hamburger Gartenstadt-Siedlung [hrg. Gartenstadt Hamburg eG].- Hammonia-Verlag GmbH, Hamburg 1994

Rademacher (1995) :: Rademacher, Peter: Mensch, Farmsen-Berne. Bist Du aber groß geworden! Ein Stadtteil Hamburgs erzählt 700 Jahre eindrucksvolle Geschichte.- M + K Hansa Verlag GmbH, 1995

Schmidt (2010) :: Schmidt, Uwe: Hamburger Schulen im „Dritten Reich" (hsg. von R. Hering) Bd. 1 u. Bd. 2.- Hamburg University Press, 2010 [URL http://hup.sub.uni-hamburg.de/purl/HamburgUP_BGH64_Schmidt]

Schreyer (1981) :: Schreyer, Alf: Kirche in Stormarn. Geschichte eines Kirchenkreises und seiner Gemeinden.- M + K Hansa, Hamburg 1981

Tügel (1935) HambKZ :: Tügel, Franz: Eine öffentliche Schmähung und Massenkundgebung des Kirchenvolkes gegen Professor Hauer: Heidnischer Angriff — Evangelische Antwort! des Landesbischofs Tügel an den „Durchbruch".- in: Hamburger Kirchenzeitung, 11. Jahrg. 20. März 1935 Nr. 3 S. 27-29.

Wendt (2019) JAV :: Wendt, Wolf-Rüdiger: Die Saseler Grenzen.- in: Jahrbuch des Alstervereins Bd.92 (2019) 134-147

11.4 **Personen-Index**

Sommer 31, 54

Stegemann, Heinrich 77

Steinfath, H. 77

Tügel 18, 30, 71

Vierle 49

Vogt 52

Wendt 14

Wilhelmi 25

Zacher 54

11.5 **Orts- und Straßennamen**

11.6 **Themen-Index**

12 Dokumentationen aus dem H&J-Projekt

Ein Informationsblatt zum Projekt skizziert die zu Beginn im Juli 2014 formulierten Ziele sowie die im Laufe der letzten 10 Jahre beteiligten Mitarbeiter. Als Beiträge zum Hopp-und-Jäger-Projekt sind die unten folgenden Texte erschienen:

- Uwe Gleßmer / Alfred Lampe: Kirchgebäude in den Alsterdorfer Anstalten: Die Umgestaltungen der St. Nicolauskirche, Friedrich K. Lensch (1898-1976) und Deutungen des Altar-Wandbildes.- Books on Demand, Norderstedt 2016 [ISBN: 978-3-739212982] [zweite, korrigierte und erweiterte Auflage]

- Uwe Gleßmer / Emmerich Jäger: Zur Entstehungsgeschichte der Gemeinde in Klein Borstel und der Kirche Maria-Magdalenen als Bau- und Kunstwerk der Architekten Hopp und Jäger mit dem Maler Hermann Junker.- Books on Demand, Norderstedt 2016 [ISBN: 978-3-739244167]

- Uwe Gleßmer / Emmerich Jäger: Projektbericht Nr. 1 zum Hopp-und-Jäger-Projekt. (Stand: März 2016) [Beitrag zum Hopp-und-Jäger-Projekt Nr. 3].- Books on Demand, Norderstedt 2016 [ISBN: 978-3-842326897]

- Uwe Gleßmer / Günther Engler: Die Lutherkirche in Hamburg-Wellingsbüttel als Bau- und Kunstwerk der Architekten Bernhard Hopp und Rudolf Jäger . [Beitrag zum Hopp-und-Jäger-Projekt Nr. 4].- Books on Demand, Norderstedt 2016 [ISBN: 978-3-741253713]

- Uwe Gleßmer: Zur Biografie von Pastor Christian Boeck (1875-1964) Viele Jahre im Dienste der Kirche und der Fehrs-Gilde. [in Zusammenarbeit mit Marianne Ehlers herausgegeben von der Fehrs-Gilde].- Books on Demand, Norderstedt 2016 [ISBN: 978-3-741274527]

- Uwe Gleßmer / Emmerich Jäger / Manuel Hopp: Zur Biografie des Kirchenbaumeisters Bernhard Hopp (1893-1962): Ein Leben als Hamburger Künstler und Architekt Teil 1: Die Zeit bis zum Zweiten Weltkrieg.- [Beitrag zum Hopp-und-Jäger-Projekt Nr. 5].- Books on Demand, Norderstedt 2016 [ISBN: 978-3-738612011]

- Uwe Gleßmer / Emmerich Jäger: Projektbericht Nr. 2: Fotosammlung zu den Kirchbauten der Hamburger Architekten Hopp und Jäger (Stand April 2017).- [Beitrag zum Hopp-und-Jäger-Projekt Nr. 6].- Books on Demand, Norderstedt 2017 [ISBN: 978-3-744818223]

- Uwe Gleßmer / Manuel Hopp: Der Nachlass der Kunsthistorikerin Dr. Gisela Hopp und das Bild ‚Mühlenbarbeck' von Heinrich Stegemann: das Geburtshaus von J.H. Fehrs und die ‚frühe Fehrs-Propaganda' [Beitrag zum Hopp-und-Jäger-Projekt Nr. 7].- Books on Demand, Norderstedt 2017 [ISBN: 978-3-743104259]

- Heiner Steinfath: Die Hauptkirche St. Katharinen – Wiederaufbau nach der Zerstörung 1943. [Beitrag zum Hopp-und-Jäger-Projekt Nr. 8].- Books on Demand, Norderstedt 2017 [ISBN: 978-3-746000305]

- Uwe Gleßmer / Alfred Lampe: Mit-Leiden an Alsterdorf und seinen Geschichts¬bildern von den Anstalten. [Beitrag zum Hopp-und-Jäger-Projekt Nr. 9].- Books on Demand, Norderstedt 2019 [ISBN: 978-3-743750408609] (www.huj-projekt.de&downloads)

- Uwe Gleßmer / Alfred Lampe: Umgestaltungen in der St. Nicolauskirche 1938 und 2022 : Ergänzung zum neuen Gedenk- und Lernort durch Bilder von Eva Dittrich im ehemaligen Altaraufsatz von 1938 (bis 1989). [Beitrag zum Hopp-und-Jäger-Projekt Nr. 10].- Books on Demand, Norderstedt 2022 [ISBN: 9783756879786] – erscheint 2025 in zweiter, ergänzter Auflage.

- Uwe Gleßmer: Ein Wahrzeichen für Hamburg? Spurensuche und ein Wettbewerbsbeitrag zur Gestaltung des ehemaligen Johanneums- bzw. Domplatzes (1957). Ein „Kultur-Krimi" zur Geschichte einer Skulptur von Edwin Scharff. [Beitrag zum Hopp-und-Jäger-Projekt Nr. 11].- Books on Demand, Norderstedt 2023 [ISBN: 9783758330209]

13 Zu Autorin und Autoren

Dr. Uwe Gleßmer (Jahrgang 1951) ist Privatdozent für Altes Testament. Er wurde 1982 nach seinem Vikariat in der Gemeinde Maria-Magdalenen von Bischof Wölber zum Pastor ordiniert, arbeitete bis 2013 mit kurzzeitigen Unterbrechungen an der Universität Hamburg. Seit seinem Ruhestand ist er ehrenamtlich am Geschichtsprojekt der Lutherkirchen-Gemeinde in Hamburg- Wellingsbüttel engagiert sowie an dem Dokumentationsprojekt zum Architekturbüro Hopp und Jäger (www.huj-projekt.de). – Auf dem Hintergrund der Erschließung des umfangreichen Fotomaterials des Hamburgischen Architekturarchivs widmet er sich in besonderer Weise den von H&J vor dem Zweiten Weltkrieg im Norden Hamburgs gestalteten Kirchbauten sowie den damit verbundenen historischen Zusammenhängen.

Dipl. Ing. Emmerich Jäger (Jahrgang 1943), Sohn des Architekten Rudolf Jäger (1903-1978) hat nach einer Betonbauerlehre sein Architekturstudium an der Staatsbauschule Stuttgart (u.a. bei Prof. Paul Stohrer) begonnen (1966-1969), war danach zwei Jahre in einem Architekturbüro in Stuttgart tätig, um von 1971-1973 (wieder zurück in Hamburg) an der Hochschule für Bildende Künste mit den Schwerpunkten Architektur sowie Stadt- und Regionalplanung sein Studium abzuschließen (Diplom bei Prof. Jos Weber). Über 30 Jahre lang war er im Bezirksamt Hamburg-Wandsbek in der Stadtplanungsabteilung tätig.

Seit dem „Unruhestand" kann er sich u.a. seinen Interessen an Kunst und Architektur sowie Stadtteil- und Familiengeschichte widmen. Durch die Aufbereitung und Übergabe des Nachlasses seines Vaters an das Hamburgische Architekturarchiv 2013 hat er eine wichtige Grundlage für das ‚Dokumentationsprojekt zum Architekturbüro Hopp und Jäger ' gelegt. Anfang 2022 ist für Dipl.-Ing. Emmerich Jäger vom HAA für seine Arbeiten ebenfalls ein Bestand eingerichtet worden.

Silke Schwarzmann, M.A. (Jahrgang 1977) ist Kunsthistorikerin mit Schwerpunkt Architektur- und Denkmalvermittlung. Zu ihren Forschungsschwerpunkten zählen Architekturgeschichte, Hamburgische Geschichte, Neues Bauen, Nachkriegsmoderne sowie genossenschaftlicher Wohnungsbau der 1920er Jahre. Im Rahmen dieser Forschungen kam es zur Begegnung mit dem Hopp und Jäger Projekt.

Veröffenlichungen:

- Ungewohntes Wohnen. Der Adolph-von-Elm-Hof in Barmbek-Nord und das Neue Bauen in Hamburg, Hamburg 2021.
- Dorendorf, Ernst, in: Franklin Kopitzsch, Dirk Brietzke (Hrsg.): Hamburgische Biografie. Personenlexikon, Bd. 8, Göttingen 2023, S. 113-115.